AF309812

# LE
# MAITRE D'ARMES
## OU
# L'EXERCICE DE L'ÉPÉE SEULE
## DANS SA PERFECTION

*Dédié à Monseigneur* LE DUC DE BOURGOGNE,

Par le Sieur DE LIANCOUR.

## A PARIS,
*AVEC PRIVILEGE DU ROI.*

*Et se vendent*

## A AMSTERDAM,
Chez DANIEL DE LA FEUILLE, prés de la Bourse.
M. DC. XCII.

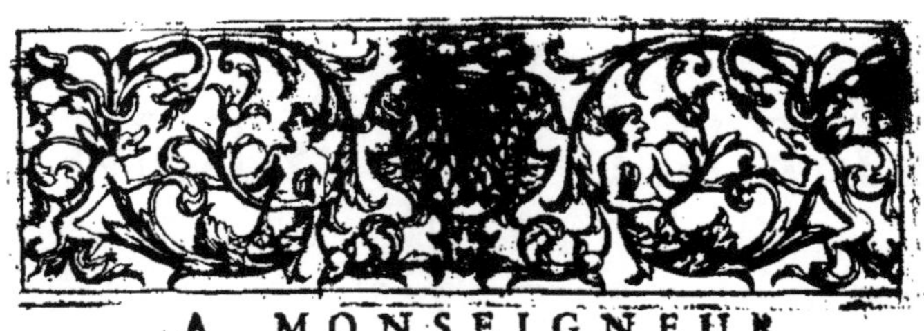

A MONSEIGNEUR

# LE DUC DE BOURGOGNE.

MONSEIGNEUR,

C'eſt une grande témérité à moi, de mettre à la teſte de mon Livre le nom d'un Prince qui eſt déja l'admiration de toute la Terre. La gloire éclatante dans laquelle Vous êtes né ; les autres grandeurs qui Vous attendent, & tout ce que le Ciel nous a promis de Vous, au moment de Votre Naiſſance, par des pronoſtiques ſi évidens; Enfin, MONSEIGNEUR, tous ces miracles dont Vous ſurprendrez l'Univers, ſembloient devoir m'intimider dans le deſſein où j'étois de Vous conſacrer mes travaux : Mais ſi j'ai été aſſez heureux, pour découvrir quelques nouvelles connoiſſances dans la Profeſſion que je fais des Armes, à qui pourrois-je les offrir, ſi ce n'eſt à Vous, MONSEIGNEUR, dont les Armes doivent ſoûmettre tout le Monde? Je ſai bien, que pour être un jour l'amour & la terreur de l'Univers, Vous n'avez beſoin que des leçons de LOUIS LE GRAND, & des lumiéres de MONSEIGNEUR LE DAUPHIN: Mais ſi vous ſuivez leurs Exemples, Ils n'ont pas dédaigné de s'apliquer à l'Exercice des Armes, & leurs mains deſtinées pour enchaîner la Fortune, ſe ſont quelquefois laiſſé conduire par des Maîtres de ma Profeſſion. C'eſt dans cette aſſurance, MONSEIGNEUR, que je me preſente devant Vous, pour mettre mes Armes à Vos Pieds, & Vous offrir ma Vie avec elles. Cette généreuſe bonté, qui eſt naturelle aux Grands Princes, ſur tout à l'Illuſtre Sang des BOURBONS, me fait eſperer que Vous ne mépriſerez pas mon offrande, & que vous me permettrez de me dire avec un profond reſpect,

MONSEIGNEUR,

*Vôtre trés-humble trés-obéiſſant Serviteur,*
DE LIANCOUR.

A 2

PRE-

# PREFACE.

LEs Etats les mieux disciplinez ont eu soin de faire aprendre la jeunesse à se défendre de leurs Ennemis: C'est pourquoi sous le Régne du plus grand de nos Rois, où tous les Arts & tous les Exercices, tant de l'esprit que du corps, sont venus à leur perfection, chacun doit contribuer à pousser sa Profession au plus haut point dont il est capable. Je sai bien que la défense exacte que Sa Majesté a faite des Combats singuliers préméditez, que l'on appelloit Duels, a fait croire mal-à-propos à quelques particuliers que nôtre Exercice en quelque façon étoit inutile; c'est en quoi ils se sont fort trompez, puisqu'ils n'ont pas sçeu quel est son but, qui est seulement de se deffendre ou de n'attaquer, que lorsque la force de la Justice & des Loix nous y oblige. C'est ainsi que chaque Corps en particulier peut être comparé à un Etat tout entier. Choisissons le plus florissant de tous les Etats du Monde, & suivons pour nos causes particulieres la maxime du grand Roi qui le gouverne. Il n'a attaqué que lorsque la Justice l'a sollicité de le faire. Lorsque ses Vuisins ont voulu l'assaillir, il a fait voir comme il savoit se deffendre; & lorsqu'il a été le Maistre de ses Ennemis, il leur a genereusement accordé, ou plûtôt les a forcez d'accepter une Paix qu'il n'auroit peut être pas obtenuë d'eux, s'ils avoient été les Vainqueurs. Suivons de loin ses belles leçons, & tâchons de les appliquer à nos interêts particuliers. Ne combatons que pour les choses justes, & même tâchons que ce ne soit qu'en se deffendant, afin de ne pas encourir l'indignation d'un Roi qui nous donne de si grands exemples de sagesse & de retenuë. Mais quelques-uns me pourront dire, puisqu'il n'y a plus d'occasion, il n'est pas necessaire que je me mette en deffense. Ce raisonnement ne peut venir que d'un homme qui veut être inutile à l'Etat & à son Roi. Athenes & Rome, mesme dans les tems de Paix, étoient des lieux où cet Exercice florissoit le plus; & c'étoit autrefois dans ces deux Villes que toutes les Nations du Monde alloient prendre des leçons d'adresse, afin de quitter ce nom de Barbare que l'on donnoit à ceux qui n'avoient aucune teinture des beaux Arts. Puisque le glorieux Regne de LOUIS LE GRAND, anime aujourd'hui chacun de ses Sujets à vouloir exceller dans sa Profession, j'exhorte mes Confreres à seconder la justice de mes intentions, & à contribuer de leur savoir pour réveiller ce bel Exercice qui me paroit comme endormi depuis quelques années. Je leur déclare que je ne m'enteste point de mes opinions particulieres; que mon seul chagrin est de remarquer que nos Gentils-hommes d'aujourd'hui n'ont plus cette même adresse dans nôtre Exercice, qu'ils acqueroient autrefois. Afin que l'on ne s'en prenne point à nôtre negligence, je les prie de me communiquer fraternellement les raisons de leurs principes qui ne seront pas conformes aux miens, je m'y soumettrai de bon cœur, quand elles seront meilleures que les miennes; ce qui sera plus utile pour l'interêt de la Noblesse, que tout ce qu'ils pourroient dire contre mon Ouvrage, en des lieux où je ne serai pas pour leur répondre.

LE

# LE MAITRE D'ARMES

## OU

## L'EXERCICE DE L'EPÉE SEULE.

### CHAPITRE PREMIER.

*Comme il faut faire monter une Epée, & choisir une Lame.*

AVant que de venir à l'essentiel des Armes pour l'Epée seule, & de vous en expliquer les veritables principes, il est à propos d'apprendre la maniere de faire monter une Epée: car pour la connoissance des parties qui la composent, c'est purement le fait du Fourbisseur. Il n'y a personne qui ne sache ce que c'est que la Garde, la Poignée, la Lame & le Fourreau: C'est ce qui est seulement necessaire à savoir, sans embarrasser l'esprit d'un Gentilhomme, en lui parlant du corps d'une Garde, des Quillions, de la Plate, des Pas-d'asnes, & de toutes les façons de Gardes & de Revers. Ainsi je passerai sous silence toutes les choses qui ne regardent mon Exercice que par rapport à l'Epée, & je viendrai d'abord à la maniere de la faire monter.

Il faut que l'Epée soit avec un revers ou branche, parce que la main en est mieux garantie. Il y en a pourtant qui la veulent sans revers : Mais quoi que je me déclare pour la premiere façon, la jugeant plus commode pour le service, je suis d'avis que chacun la choisisse selon son inclination ; parce que si le revers est avantageux contre les coups d'estramaçon, & conserve les doigts, il peut devenir dangereux à ceux qui viennent aux prises.

Il faut que le corps de la Garde & le Pommeau soient bien limez & percez au dedans ; car il vaut mieux que l'ouverture de la Garde & le trou du Pommeau soient grands, que d'alterer la soye de l'Epée, en la limant. Je veux dire ce fer qui est au bout de la lame, que l'on fait entrer dans la Garde, la Poignée & le Pommeau. Et ainsi le Fourbisseur ne mettra que fort peu de bois pour la faire tenir ferme ; parce que d'ordinaire si l'on n'y prend garde, il lime trop la soye, pour s'épargner de limer en dedans le corps de la Garde & le Pommeau, puis il met du bois par tout, pour remplir l'espace vuide, & l'Epée n'en est jamais si ferme. C'est à quoi il faut prendre garde : Et même je conseillerois de la voir monter ; car il est arrivée à beaucoup de gens l'Epée à la main, que la moindre parade ou battement faisoient separer les par-



ties

ties de l'Epée : ce qui cauſoit de grands accidens. Sur tout que la ſoye ſoit bien rivée au bout du Pommeau.

Aprés avoir parlé des qualitez neceſſaires à la Garde, il faut preſentement dire pour la Lame, qu'il dépend de la volonté de la choiſir de deux pieds & demy, ou tout au plus de trois. Il me ſemble que c'eſt la veritable longueur qu'elle doit avoir. Pour connoiſtre ſa bonté, il ſera bon de la viſiter par tout, depuis la pointe juſqu'à la ſoye, deſſus l'arreſte, & au dedans, ſi elle n'a que trois quarres ; & deſſus les deux arreſtes, ſi elle en a quatre. Pour voir s'il n'y a point de paille. Les pailles ſont faites comme de petits trous. Les unes ſont de travers, les autres de long. Les dernieres ne ſont pas ſi dangereuſes. Si vous n'en trouvez point, il faut enſuite la pouſſer contre la muraille, & remarquer ſi elle fait bien ſon cercle en la ployant. Si vous y voyez un arreſt, c'eſt à dire ſi le plis demeure vers la pointe, & le reſte de la Lame droite & roide, c'eſt un grand deffaut. Mais ſi elle prend bien ſon cercle en long, qui réponde environ un pied de la Garde, qui eſt le fort de l'Epée, c'eſt la marque de la bonté de la Lame. Si en ployant elle demeure tout-à-fait fauſſée, c'eſt ſigne que la trempe n'en eſt pas bonne, quoyque pourtant il vaut mieux qu'elle fauſſe un peu, que de ne point fauſſer du tout ; puiſque ce ſeroit la marque d'une

trempe aigre & facile à caſſer : Mais quand elle fauſſeroit un peu, ce ne ſeroit pas un deffaut ; au contraire ce ſeroit ſigne d'une trempe douce & des meilleures. Il ſeroit bon de la faire émouſſer par la pointe, & la caſſer dans l'étau. Quand elle ſera rompuë, vous en connoiſtrez mieux la trempe. Si dans la caſſure vous la trouvez de couleur griſe, voſtre Lame ſera fort bonne : Si elle eſt blanche, c'eſt tout le contraire. D'autres luy font faire un double cercle, en l'appuyant fort contre le mur ou cloiſon, & luy font faire un tour, & la laiſſent tomber aprés par un mouvement de poignet. C'eſt ce que pluſieurs appellent *le tour du chat*. Pour moy, lorſque je choiſis une Lame, aprés l'avoir viſitée comme j'ay dit, je m'en tiens aſſûré : car ſi quelquefois ces efforts que l'on fait faire à une Lame, ne la font pas caſſer dans le moment, elle peut manquer à la premiere épreuve, ayant eſté affoiblie par les premiers efforts qu'on luy a fait faire. Il faut toujours faire monter ſa Lame toute droite. A l'égard de la Poignée, cela dépend de la diverſité des ſentimens, & ſur tout des grandeurs de mains ; puiſque quelquesuns l'aiment groſſe, & les autres menuë ; les uns quarrée, & les autres ronde. Pour moy je la veux un peu longue & quarrée, la main en eſt plus à ſon aiſe, & l'on en tient mieux ſon Epée : Mais chacun ſe doit ſatisfaire là-deſſus.

## CHAPITRE SECOND.

*Où il eſt parlé des premiers mouvemens pour réüſir au fait des Armes.*

VEnons aux principes de l'Epée ſeule. Mais comme cette matiere ne demande pas tant la politeſſe de noſtre Langue, que la netteté dans l'explication, & la naiveté dans les termes de l'Art, je prie le Lecteur de chercher icy l'utilité plûtoſt que le plaiſir. Je commenceray d'abord par ce qui regarde l'eſſentiel de mon Exercice, ſans mettre en

uſage ces termes barbares & ces expreſſions ambiguës, dont nos Anciens ſe ſont ſervis pour nous mener dans cette connoiſſance. Je diray ſeulement que dans une Epée il y a le fort & le foible. Le fort ſe prend depuis la Garde juſqu'au milieu de la Lame, & le foible eſt ce qui reſte de la Lame. Si je ne m'eſtois propoſé de ne rien mettre d'embarraſſant,

je

je parlerois préfentement, comme beaucoup d'autres, de demy-fort, de demy-foible, & même de quart : mais cela feroit fuperflu ; c'eft affez de fçavoir que l'Epée eftant bien conditionnée, l'on s'en fervira de la maniere qui fuit.

Pour fe bien fervir de l'Epée, il faut confiderer que la fermeté du corps fur les jambes, eft une des principales conditions neceffaires ; & cela obfervé, je commenceray par ce principe à faire marcher, avant que d'attaquer. Aprés avoir établi ces marches & démarches de plufieurs levées d'Armes, il faut ployer le corps en avant & en arriere, tantôt fur la jambe droite, tantôt fur la gauche, en ployant les genoux l'un aprés l'autre. Quand on ploye en avant, il faut affermir le pied gauche à terre tout plat, fans le coucher, roidir le genoux gauche, & ployer le droit ; enfuite fe remettre en arriere fur la jambe gauche, & roidir la droite, le corps fe retirant & s'avançant, favoir, fe retirant lorfque l'on ploye en arriere, & s'avançant lorfque l'on ploye en avant, pour donner cette grande liberté que l'on acquiert avec le temps par le moyen de ces mouvemens, fans quoi il eft impoffible d'y réuffir : Mais quand on aura acquis la facilité de ces mouvemens, on fera en état de tout entreprendre, & le corps étant ainfi difpofé, pourra mettre en pratique les coups fuivans, avec moins de peine & plus de feureté. Pour les rendre plus fenfibles, il faudroit les expofer dans plufieurs Planches ; mais comme la quantité des principes en demanderoit un trop grand nombre, je me contenterai feulement d'y mettre les principales, & d'y reprefenter la plus grande partie de ce que j'ai à dire.

## CHAPITRE III.

### Où il eft parlé des Principes.

CEtte Planche contient cinq Figures, dont la premiére reprefente la premiere action que l'on doit faire pour mettre l'Epée à la main. Elle eft tournée de cette maniere, en éfaçant le corps, tournant un peu le pied droit & la hanche, regardant de demi-face fon Ennemi, tenant de la main gauche le fourreau, & de la droite la poignée, pofant le poulce auprés de la garde & du côré du plat de l'Epée, afin d'être auffi-tôt preft à la tirer. Elle eft dans toute fa force pour lâcher le pied droit derriere le gauche, comme il paroit dans la feconde Figure, qui aprés avoir tiré l'Epée du fourreau, l'éléve en forme de parade d'eftramaçon, pour eftramaçonner en cas de befoin ; car en voulant tirer l'Epée, l'on peut étre trop prés de fon ennemi. Ainfi de peur d'étre furpris, il eft bon de prendre fes précautions pour fe mettre affez tot en garde. Ce que l'on peut faire de bien des manieres. Il y en a qui tiennent leur garde de Prime, les autres de Seconde, de Tierce, de Quarte & de Quinte ; & même l'on pouffe de ces cinq fortes de façons, que je montrerai en fon lieu, tant de ces gardes, que de ces coups pouffez. La troifiéme Figure en cette Planche, eft la garde ordinaire. Il faut mettre le pied gauche dans l'efpace de deux femelles ou environ, derriere le droit, comme on voit la fituation, de laquelle vous commencerez un grand pas pour aller à vôtre ennemi, comme l'on peut remarquer dans cette quatriéme Figure. Elle avance le pied gauche devant le droit, élevant & portant fon Epée, en avançant la main la premiére, au devant de foi, en tournant la main de Quarte, éfaçant fort le côté gauche, roidiffant les deux jambes, fur tout fans les ployer, crainte de perdre fes forces, parce que le corps étant à plomb fur la jambe de devant, quand même vous feriez furpris en marchant à grand pas, vous feriez en état de vous deffendre, de même que fi vous

étiez

étiez en garde. Mais ceux qui auront un peu de connoiſſance des Armes, ne le feront pas dans la meſure ; car en avançant l'autre pied, vous vous trouveriez trop prés de vôtre ennemy. La Figure cinquiéme repreſente la garde que l'on doit tenir d'ordinaire pour attaquer & pour ſe défendre. C'eſt dequoy je vous inſtruiray cy aprés.

C'eſt donc de cette premiere Planche & de ces cinq Figures que je tireray mes premiers principes, en faiſant faire réitérer pluſieurs fois ces mouvemens qui font la fermeté entiere du corps ; & c'eſt à quoy principalement tous les Maîtres doivent s'étudier, comme étant la plus importante leçon que nous devons obſerver, & ce que l'on doit appeller veritable princip. C'eſt pourtant à quoy la plûpart ne font aucune reflexion, & en quoy ils ſont condamnables ; puiſqu'il eſt impoſſible de tirer un bon ſuccez d'un corps qui n'aura pas eu ces veritables principes. Il eſt arrivé de grands accidens à beaucoup de gens en ſe battant, qui n'étoient point fermes ſur les jambes : Et il eſt certain que pluſieurs Maîtres les mettent ſeulement en garde & les font pouſſer auſſi tôt, ſans leur montrer à marcher ny à faire aucun mouvement. Il ſuffit pour eux que l'Ecolier pouſſe toûjours. Au lieu de luy montrer à marcher ſur les mêmes lignes, ployer, comme j'ay dit, en avant & arriere ; & par ce moyen acquerir la facilité de l'attaque & de la retraite. J'ay ſouvent vû venir dans ma Salle des gens qui dans la retraite ſe retiroient en ſautant ſur la jambe gauche ſeulement, & levant la droite en l'air, ce qui faiſoit qu'ils tomboient d'un autre côté, & ſans aucune fermeté, n'ayant pas appris ces principes ; qui néanmoins pouſſoient aſſez bien leur botte : mais ils ne pouvoient ſe remettre en garde.

Je mets donc en garde ma cinquiéme Figure de cette maniere pour l'expliquer. Son corps, comme l'on voit, eſt ſitué en arriere, ſe repoſant ſur la jambe gauche qui eſt un peu ployée ; le genouil plus en dehors qu'en dedans, & la pointe du pied gauche droite en ligne traverſante ; la jambe droite toute étenduë, & qui ne porte rien, & le pied droit en ligne directe ; ſon talon regarde l'œil du ſoulier gauche, à la diſtance de deux ſemelles & demye, ou environ, l'un de l'autre. Pluſieurs font mettre les deux talons ſur une meſme ligne. Ce que je ne puis approuver, & la raiſon en eſt ſenſible ; c'eſt que les talons du droit & du gauche ſur une même ligne, n'ont aucune force, ce que l'on peut éprouver ſur le champ. Au contraire le talon droit eſtant en ligne directe de l'œil du ſoulier gauche, il eſt dans toute ſa force ; d'autant que la force du pied n'eſt pas au talon, mais elle commence à l'œil du ſoulier, & va juſqu'à la pointe. Le talon droit répondant au fort du pied, l'on en doit eſtre plus ferme ſur les jambes. Vous y voyez la hanche droite cavée, c'eſt ce qui donne plus de force pour pouſſer le coup avec viteſſe, & la main gauche prés du corps, & non pas éloignée, comme il y a des Maîtres qui le montrent. La raiſon eſt que ma main gauche eſtant éloignée de mon corps, c'eſt comme un membre perdu, & eſtant tendu dans cet éloignement, il fait ouvrir le côté gauche, & oſte la force au bras droit. Mais eſtant prés du corps, toutes les forces ſe réüniſſent, & toutes ces parties eſtant ramaſſées enſemble feront dans l'occaſion partir le coup avec une plus grande viteſſe ; outre qu'on en eſt bien mieux couvert, tenant bien l'Epée devant ſoy, le bras droit eſtant à demy étendu pour avoir plus de liberté : Mais en pouſſant qu'il le ſoit tout-à-fait, même aprés avoir pouſſé, & en ſe remettant en garde, parcequ'il eſt encore dans la meſure. Que la main droite ſoit tournée demy-tierce, les ongles vers la terre ; d'autant qu'en parant l'on n'a qu'à tourner la main demy-quarte, l'on parera les coups pouſſez tout droit de Quarte dans les Armes, du tranchant de ſon Epée. Comme auſſi, ſi l'on veut pouſſer de Quarte ou de Tierce, cela donnera plus de facilité à pouſſer ſon coup, parceque le mouvement du poignet tourné de Quarte ou de Tierce,

dans

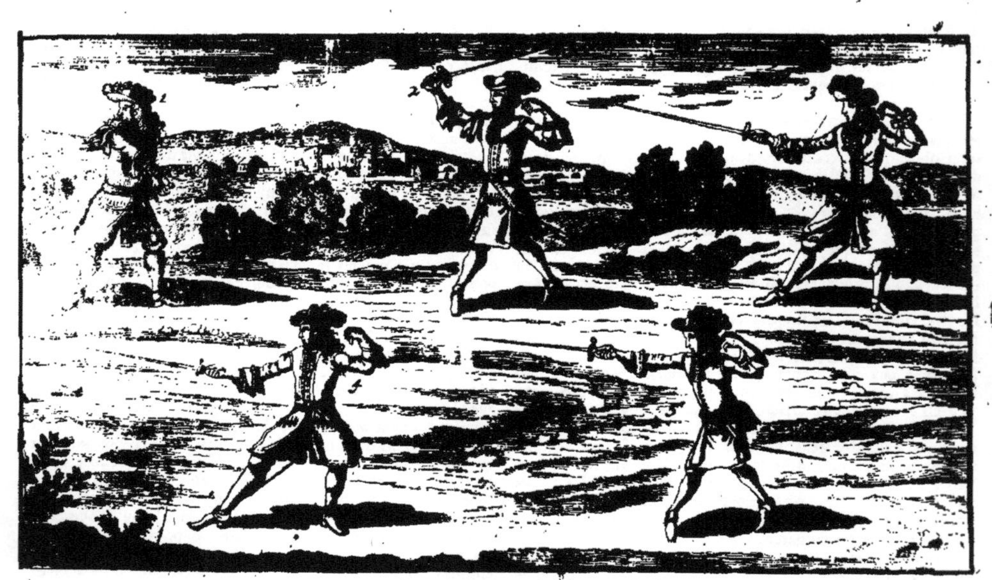

Les veritables principes de l'Espee seulle.

dans le moment porte son coup avec plus de vitesse. Il ne faut pas avoir le coude gauche bas, il le faut plustôt élever. La raison est que lors que vous vous déterminez pour vouloir pousser votre coup, le coude bas fait retirer le corps en arriere; ainsi vous n'avez plus tant de mesure, ny le coup tant de force : Mais l'élevant lors que vous poussez votre botte, le bras gauche ne tombe point, & n'attire point le corps en arriere, & est seulement étendu tout droit. C'est de quoy nous parlerons plus amplement dans son lieu.

## CHAPITRE QUATRIEME.

*Où il est parlé de la Parade, du fort de l'Epée au dedans des Armes; de la maniere de pousser de Quarte aussi au dedans des Armes; du coup qu'il faut a cette Parade, que l'on nomme coup coupé, ou demy-botte: Des Retraites, & de la Mesure.*

DAns les deux premieres Figures que vous voyez, l'une pare, & l'autre pousse. Je fais parer la premiere de Quarte au dedans des Armes. Cette Figure est en garde ordinaire. L'autre pousse de Quarte au dedans des Armes, le long de l'Epée dans toute son étenduë. Elle est allongée dans une distance raisonnable, & qui ne perd point ses forces, selon les régles. Il faut donc que le corps soit un peu panché en avant, la teste en ligne directe du fort de l'Epée, aussi un peu panchée en avant, gagnant par ce moyen plus d'un pied de mesure. Cette action est la plus naturelle & la plus ferme. Que le pied gauche soit tout plat à terre, sans le coucher, ou du moins qu'il le soit fort peu; la jambe & la cuisse gauche élevées; & par ce moyen le corps sera toûjours ferme sur la terre, le pavé & les lieux les plus glissans. Et non pas comme beaucoup qui font mettre le corps droit au milieu des deux jambes affaisé & ployé presque jusqu'à terre : Ainsi rien ne porte le corps, puisqu'il n'est ny sur une jambe ny sur l'autre. Mais les plus grands défauts sont d'avoir le pied gauche couché tout-à-fait à terre, la teste droite, la main droite fort élevée, & la main gauche fort baissé le long de la cuisse, lorsqu'il pousse de Quarte. Il ne faut que la raison naturelle pour faire voir ces manquemens dans les Armes, pour la Quarte & pour les autres coups. La premiere raison est que le corps estant droit, n'atteindra pas si loin que s'il étoit ployé en avant, & ne sera pas si ferme que s'il étoit posé sur la jambe droite, qui est en cette occasion le pillier qui soûtient le corps, & a aussi plus de force. Le pied gauche couché ne vaut rien, ou bien il doit l'être fort peu. La raison est que la situation en est plus naturelle & plus ferme, tout plat. L'on me dira qu'il y a plus de mesure lors qu'il est couché. Je feray voir le contraire par ces mêmes raisons, en l'experimentant, à ceux qui en auront la curiosité. La teste ne doit pas être droite, elle est plus en danger d'être frappée, que lors qu'elle est panchée, d'autant que cette longueur depuis le haut de l'épaule, jusqu'à la teste, donne une découverte fort grande. L'on me dira que l'on se couvre la teste du fort de son Epée, en élevant le bras & le poignet droit de Quarte bien haut. Je repondray à cela, qu'élevant le bras si haut, les forces sont perduës : Ce qui fait aussi élever le coup, & est cause que la plû part n'adjustent pas en poussant; & pour lors ne rencontrant point l'Epée de leurs ennemis, le coup se perd en l'air, & va par dessus la tête, ou quelques fois au visage. Le bras élevé n'est plus dans son centre, qui est la hauteur de l'épaule. Il faut un peu incliner la tête, afin que le bras ait toute sa force, plû-tôt que de l'élever. Quelques-uns font baisser le bras gauche & la main. Mais j'avertis que c'est une trés-grande faute, d'autant que c'est un poids qui attire le corps en arriere, & lui fait perdre toutes ses forces & sa mesure, comme j'ay vû des Figures dans des Livres precedens. Que le bras droit soit à la hauteur des deux épaules, & que dans la même ligne le bras gauche soit tout étendu, pour être dans sa force, la jambe gauche, comme j'ay dit, roide & un peu élevée : C'est ce qui donne la force au bras droit pour pousser le coup avec plus de vitesse, & il ira plus droit au corps, en baissant un peu la pointe & élevant le fort de l'Epée.

La botte étant poussée de Quatre dans les armes, comme j'ay dit, la parade étant faite comme vous la voyez, qui est du fort de l'Epée, en étendant le bras, il ne faut pas quitter le fer; mais y opposer le bras gauche, en cas que l'on voulut tourner la main de Seconde. Ce sera la maniere de parer cette botte, comme je dirai dans la suite. Je n'approuve pas que le bras soit étendu pour cette parade, d'autant que l'on est beaucoup découvert dessous la ligne du bras : mais au contraire, pour bien parer cette botte, ce sera en racourcissant un peu le bras & baissant un peu le poignet, & rencontrant l'Epée de l'ennemi on la fera baisser plus bas que le coup poussé, & hors de danger de recevoir au venue.

Dans cette Planche je suppose qu'un homme aura paré, comme font plusieurs, en élevant le coup, comme on le voit; & l'ayant remarqué, aprés luy avoir poussé cette estocade de Quarte, vous pourrez faire vôtre retraite en lâchant le pied droit derriere le gauche, l'Epée tout à fait devant vous, le bras étendu, puis vous vous retirerez hors de mesure, crainte de la risposte. Cette retraite m'a paru trés excellente, quoi qu'il y en ait qui se servent de plusieurs autres manieres, comme d'aprocher le pied gauche, aprés avoir poussé, & puis lâcher le pied droit derriere, & enfin le pied gauche, pour se retrouver en garde. D'autres font sauter en retirant un peu le pied droit, & par un autre temps sautent les deux pieds ensemble, & font un grand mouvement qui leur fait perdre leur garde & leurs forces. La premiere est la plus seure, d'autant qu'étant allongé, il n'y a, comme j'ay dit, qu'à lâcher un pied & puis l'autre; & par ce moyen vous ne vous ôtez jamais de garde, & avez l'Epée toûjours devant vous, sans quitter jamais la terre, & par consequent toûjours ferme & sur vos pieds. La seconde n'est pas si mauvaise que la derniere, quoi que ce soit ôter la fermeté du coup en poussant, si l'on approche le pied gauche. La derniere est la moindre, d'autant qu'en sautant vous perdez la terre, vous faites de grands mouvemens pour vous élancer dans vôtre retraite, de sorte que vôtre Epée n'est plus devant vous: Outre qu'ayant de l'âge, & n'ayant pas toute la disposition, il sera fort difficile de sauter hors de la mesure, & même sur le pavé. Je conseille de s'en tenir à la premiere.

La retraite étant faite, vous marcherez un grand pas naturel, comme j'ay dit dans le troisiéme Chapitre, qui est un pas du pied gauche devant le droit, & ensuite le droit devant le gauche, en cas que vous soyez éloigné de la mesure. Si vous n'en êtes pas si éloigné, vous ne ferez qu'un petit pas seulement pour serrer la mesure. Il se peut faire de trois manieres. La premiere sera de lever doucement le pied droit en avant, & l'avancer environ d'une semelle, & faire suivre le pied gauche, le corps en arriere sur la jambe gauche ployée. L'autre sera en avançant un peu le pied droit. Si

vôtre

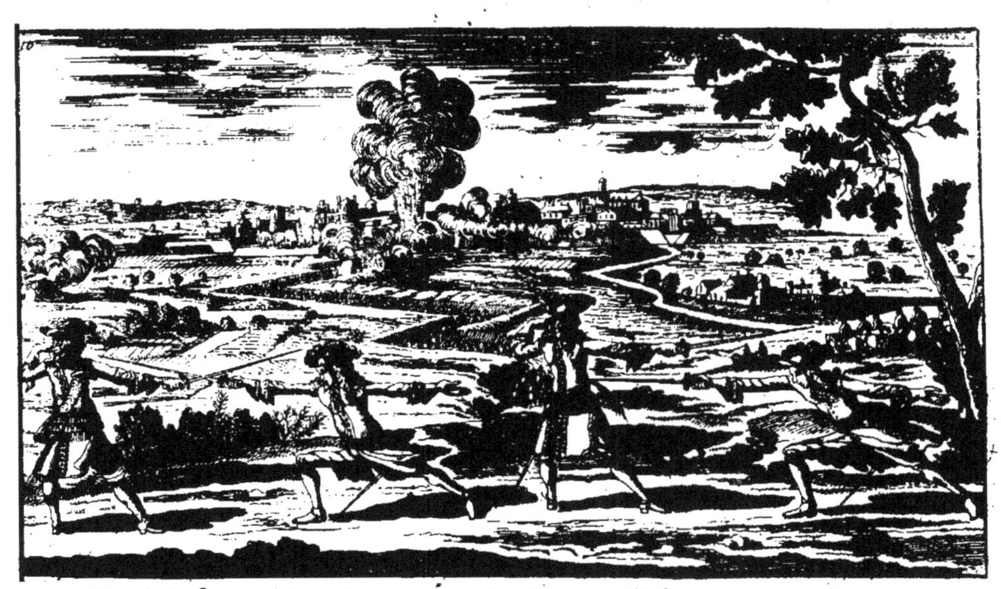

Parade du fort au dedans des armes. ~ Le coup qu'il faut a cette parade.

vôtre ennemi reculoit dans ce tems, vous pourriez en faire encore un autre, sans démarer le pied gauche, qui est que vous sentant assez proche, vous lerriez le pied gauche le plus vite qu'il vous sera possible, & toujours le corps sur la jambe gauche, pour entreprendre aussi-tôt & faire ce que vous jugerez à propos selon les mouvemens de l'ennemy. L'autre est en avançant le pied gauche près du droit, sans que vôtre ennemi s'en apperçoive, pour avancer aussi-tôt le droit & être prêt à exécuter. L'on peut facilement par ces manieres dérober la mesure; étant chose de conséquence de le sçavoir bien faire. Aussi-tôt que les Epées se touchent, éloignant le corps en arriere sur la jambe gauche, l'on est en mesure. Ce sera donc à vous de prendre garde de n'y pas trop entrer, à cause du danger. Vous la pourrez connoître par vous mêmes. Mais pour y entrer raisonnablement, il faut que les Epées se croisent d'un bon pied. Je présuppose qu'ayant fait ces démarches, on doit être en mesure. Ayant donc remarqué que son ennemy a paré du fort de l'Epée, lorsqu'on lui a poussé, comme je l'ay dit, il faut qu'on lui pousse une demy-botte le long de son Epée, de même que si on lui vouloit donner le coup premier. Que cette demy-botte se fasse en battant forte l'Epée ennemie, levant le fort & s'en couvrant la tête; car l'ennemy peut pousser en ce temps, & ayant levé la main & baissé la tête, on sera hors de danger. Par ce moyen on l'obligera à se découvrir d'avantage dessous les armes; en battant l'Epée ferme. Il ne faut point trop

avancer le pied droit en commençant vôtre coup. Que le corps s'éloigne en arriere en battant. Cette representation bien faite du coup precedent, l'ennemy croira que c'est le veritable coup que l'on pousse, & ne manquera pas de retourner à la même faute, & voudra élever son fort en parant; c'est dans ce tems qu'il resiste au fer. Alors sans faire aucun mouvement de poignet vous devez laisser tomber le coup, en coupant sous la ligne du bras de Quarte; puisque j'ay dit qu'il ne falloit pas tourner le poignet autrement que comme il est marqué: Mais il faut porter le pied hors la ligne; ce qui fera que vôtre corps ne se trouvera pas dans la ligne de l'Epée ennemie, & par ce moyen vous éviterez de recevoir de même temps. Ce n'est pas assez que de donner ce coup, il faut chercher les moyens d'une bonne retraite: Ce sera que le coup étant poussé, & étant dans la posture que vous voyez marquée en la Planche, vous releverez vôtre Epée à celle de vôtre ennemy, en dehors des armes, & engagerez son Epée de Tierce, & ensuite releverez vôtre corps & ferez vôtre retraite, étant asseuré de l'Epée ennemie; ou bien ayant retiré vôtre corps & vous mettant en vôtre garde ordinaire, vous pouvez vous découvrir dans les armes, en cas qu'il voulût vous pousser à cette découverte, pour risposter le long de l'Epée sans la quitter, & revenir à l'Epée, & en toute asseurance ferez vôtre retraite; comme je l'ay marqué cy-devant.



CH A.

## CHAPITRE V.

*De la Parade de la pointe ou du foible au dedans des Armes, & des Dégagemens.*

APrés avoir parlé du coup pouffé de Quarte au dedans des armes, & de la parade du fort, nous parlerons préfentement du foible au dedans des armes. La parade de la pointe ou du foible, eft naturelle à tous ceux qui n'ont jamais appris, & par conféquent trés dangéreufe pour ceux qui s'en fervent, & fort difficile à corriger, donnant beaucoup de peine au Maitre dans l'inftruction. Vous ne connoitrez jamais ceux qui en parent, qu'en leur pouffant une eftocade dans les armes de Quarte; d'abord ils ne manqueront pas d'y parer, comme vous voyez aux deux premiéres Figures, dont l'une pare, & l'autre pouffe. Celle qui pare laiffe tomber fa pointe pour en parer, & rencontrant la lame, fait baiffer hors la ligne l'Epée de celle qui pare : C'eft ce qui fait que l'on ne voit pas celle qui pouffe tout droit de Quarte, dans la même fituation qui eft marquée dans la Planche cy-devant. Ayant remarqué cette parade, vous ferez voftre retraite, crainte de la rifpofte, & reviendrez au plus vite à la mefure ordinaire, qui eft, comme je l'ay dit, par un grand pas eftant éloigné, ou un petit, eftant preft, pour ferrer la mefure : Et dans cette mefure vous luy repréfenterez le même coup ci-devant pouffé, luy faifant le femblant de pouffer, que l'on nomme feinte au dedans des armes, & ne toucherez pas fa lame. Dans le temps que la feinte eft marquée, il faut tourner la main de Quarte, en dégageant, éloigner le corps en arriére. La raifon eft que la main de Quarte fignifie mieux le coup précédent. Quand l'ennemy tireroit dans ce temps ( ce qui fe peut faire ) il ne pourroit toucher, d'autant que le fort de voftre Epée eft devant vous, & voftre corps en arriére, qui rompt une partie de la mefure. En marquant la feinte, il faut auffi faire un petit battement du pied droit, mais ne le lever pas haut, comme beaucoup font, & perdent un grand temps. Ce fera pour mieux fignifier le coup. Et dans le temps que l'ennemy viendra pour y parer, & qu'il voudra chercher le fer, c'eft dans ce même temps que par un petit cercle de la grandeur d'un écu, que vous ferez autour de fa lame, vous dégagerez deffus les armes de Quarte, que vous pousferez de toute voftre étenduë, comme il eft marqué en la derniére action de cette Planche; ce que je trouve plus certain. Plufieurs font pousfer de Tierce, mais il n'y a aucune régle qui nous y oblige abfolument : car l'on pouffe de Tierce ou de Seconde desfus les armes; mais ce n'eft qu'à caufe du même temps. Si vous y poufflez de Quarte, & que voftre ennemy pouffe en même temps, le corps eftant tout droit, vous pouvez recevoir tous deux. Mais il n'en eft pas de même dans cette action; car l'ennemy va à la parade, & il ne peut faire ces deux actions, de parer & de pouffer : car dans le temps qu'il pare, l'on peut pouffer de Quarte deffus l'Epée, comme il eft marqué au coup porté de cette Planche, fon Epée eftant occupée à la parade. Il y en a mefme qui parent de la pointe, en la faifant aller jufqu'à terre. Ainfi il n'y a rien à craindre pour le mefme temps. De Quarte deffus les armes, eft bien plus jufte que de Tierce; c'eft une ligne droite & difficile à parer, la Tierce eft une ligne plus traverfante & moins feure pour adjufter; quoi que je ne dife pas que ce foit une régle générale, revenant toûjours au principe, qui

eft

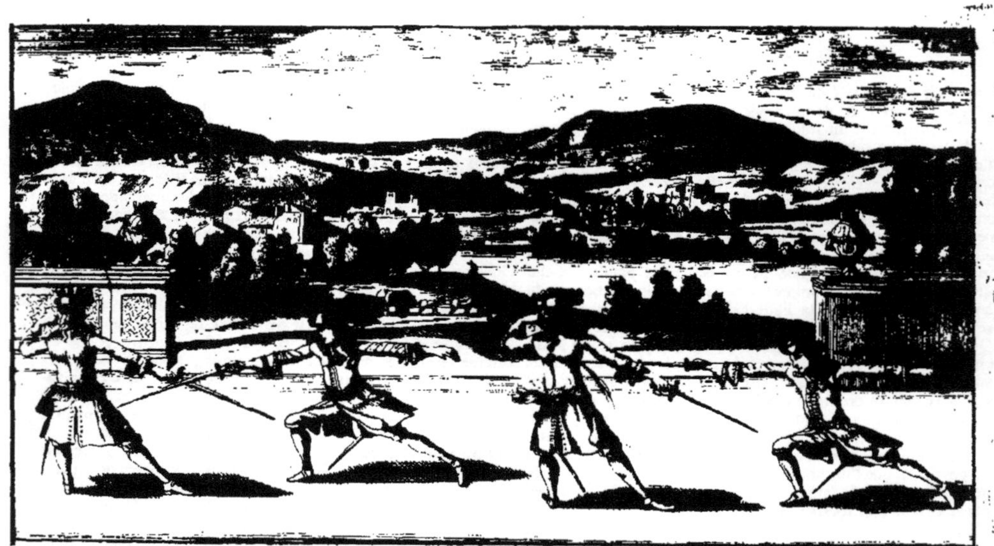

Parade de la pointe au dedans des armes.    Le coup qu'il faut a cette parade.

eſt de Quarte au dedans des armes, de Tierce au dehors des armes, & de Seconde deſſous les armes, à cauſe du même tems. Mais en cet endroit il n'y a aucun riſque ni crainte du meſme temps, puis qu'il va à la parade. Si en marquant cette feinte, voſtre ennemy ne va point à la parade, vous n'avez qu'à achever de viteſſe le coup tout droit, ou s'il vous pouſſoit dans ce temps, vous pourriez encore parer & riſpoſter. Enfin voſtre coup pouſſé, il ſera bon de revenir à l'Epée, voſtre fort à ſon foible, ſans pourtant la forcer, puis faire voſtre retraite, dont j'ay parlé ci-devant, pour entreprendre quelques autres coups, que je vais vous faire voir dans la ſuite.

## CHAPITRE VI.

### Où il eſt parlé des Temps.

C'EST une choſe ſi difficile à prendre que les Temps, l'Epée à la main, que je ne conſeille perſonne de s'y trop haſarder. J'eſtime mieux une bonne parade, ou un bon battement ſec & tiré droit le long de l'Epée ennemie, ſans oſter la ſienne de devant ſoy. Car de tirer ſur les Temps, de prendre des deſſous de meſme temps, toutes ces voltes faites mal à propos, cela n'eſt guéres en uſage aux combats dont je parleray dans la ſuite. Je m'étendrois beaucoup ſur ce Chapitre, mais comme j'ay réſolu de ne parler que des choſes eſſentielles, je diray ſeulement que c'eſt un jeu de Salle, où ces coups ſe pratiquent aſſez ſouvent, mais fort rarement l'Epée à la main. Il eſt pourtant néceſſaire, ſelon ma profeſſion, de vous en éclaircir. Par exemple, ſi l'ennemy fait feinte dans les armes pour tirer deſſus, ce ſera à vous à remarquer qu'il ſe découvrira dans les armes : Lors vous prendrez le temps en tirant tout droit de Quarte dans les armes, en ſoûtenant bien voſtre coup. Si vous y rencontrez l'Epée ennemie, vous tirerez de voſtre fort à ſon foible. Si c'étoit une feinte dehors des armes pour tirer au dedans, vous tirerez tout droit de Tierce, où il ſera découvert, qui ſera deſſus les armes, encore du fort au foible, en y rencontrant l'Epée ennemie. Si l'on faiſoit une feinte à la teſte, il faudroit dans ce temps tirer deſſous, en tournant la main de Seconde, qui ſera l'endroit où il aura été découvert, & toûjours revenir à l'Epée; généralement de toutes les feintes, doubles feintes, engagemens, tentemens, battemens, croiſemens d'Epées, couleinens du pied gauche en avant, tant dedans, dehors, que deſſous, enfin ſur toutes les actions du corps, l'on peut fraper & étre frapé. Ce ſera à vous de vous attacher aux découvertes pour prendre ces temps bien à propos, & de tâcher de n'étre pas ſurpris vous-même. Quand vous prendrez ces temps, que ce ſoit toûjours au pied levé, comme je diray au Chapitre des Paſſes. Mais, comme j'ai déja dit, attachez-vous plûtôt à une bonne parade, à moins que vous ne voyiez de grandes découvertes de corps, de grands mouvemens, comme de courir en avant la teſte la première; le bras racourcy. En ces occaſions le jugement vous fera connoitre comme vous devez tirer : Car il n'eſt pas toûjours ſeur de donner ſur les temps. C'eſt pourquoi un temps bien pris, eſt un fort beau coup; mais peu de gens y réuſſiſſent, d'autant que les mis en pouſſant partent du corps & levent le pied fort haut, ce qui retarde le coup; au lieu d'avancer la main la première. Les autres partent du meſme temps; ce qui fait ordinairement qu'ils reçoivent tous deux. Ce qu'on appelle vulgairement

 coup

*coup fourré.* Vous ne manquérez donc pas, pour bien prendre ces temps, d'avancer, comme j'ay dit, la main la premiére, & que ce soit au pied levé de l'ennemy ; ce sera
toûjours le moyen d'y mieux réussir. Enfin pour obvier à
tous les inconvéniens qui peuvent arriver sur ces risques, at-
tachons-nous aux Parades, c'est le plus seur ; mais en parant, il ne faut pas éloigner l'Epée de devant soy : car
l'on ne pourroit plus revenir à la parade. On peut aussi parer une feinte, même plusieurs, par la parade en forme de
cercle, que j'expliqueray cy-après.

# CHAPITRE VII.

### De la Parade du fort dessus les armes, en élevant le coup.

APrés avoir parlé du dedans des Armes, il est à propos de
parler du dehors des Armes. J'ay dit cy-devant que plusieurs gens paroissent naturellement de la pointe dans les
Armes, venons à ceux qui naturellement parent du fort dessus
les Armes, en élevant le coup, & sont cause que souvent ils
reçoivent au visage. C'est donc en cette Planche que je fais
voir leur parade, & le coup qu'il faut donner en cette occasion. Vous voyez dans ces deux premiéres Figures, que l'une
pousse, & l'autre paré. Celle qui pousse, le fait à dessein de
reconnoître la maniére de parer de l'autre. Quand vous remar-
querez que vostre ennemy pare du fort de son Epée, en l'élevant
au dessus de la teste, se découvrant dessous les Armes, vous ferez
vostre retraite, pour revenir ensuite dans la distance accoûtumée. Vous luy marquerez une feinte à la teste, & tirerez de
Seconde dessous les Armes, où il s'est découvert, comme il est
marqué dans la deuxième action ; puis vous ferez encore la retraite, pour faire ce que vous jugerez à propos, selon les défauts de vostre adversaire. Je ne parleray plus des maniéres
d'avancer & de serrer la mesure, puis que ce que j'en
ay dit, doit servir pour tout ce qui suit. Revenons à
la maniére de pousser la botte marquée dans la premiére
action.

Quand vous serez dans la distance raisonnable, vous luy pousserez de Tierce dessus les Armes. Plusieurs la font mal pousser, faisant trop baisser le corps, qui se laisse ainsi tomber dans
l'espace des deux jambes ; & n'étant soutenu de rien, on est
obligé de mettre la main gauche à terre, par la crainte que l'on
a de tomber sur le nez. Ce qui est un très-grand défaut, puis
qu'on ne peut avoir ny force, ny mesure, ny justesse, comme
on peut éprouver sur le champ. Pour la bien pousser, il faut un
peu baisser le corps ; il suffira que le fort de vostre Epée soit
bien opposé à celuy de vostre ennemy, sans le trop baisser, afin
de garantir la reste. Que le corps soit dans la ligne de la cuisse
droite, pour être en sa force, étant soutenu de la cuisse & de
la jambe, on n'est point obligé de mettre la main gauche à terre. La main & le bras gauche doivent être en ligne directe du
bras & de la main droite. Etant tourné de Tierce, la gauche
doit être de même. Et dans les coups la main gauche doit suivre les mouvemens de la droite. Si l'on pousse de Quarte, elle doit être tournée de Quarte ; & ainsi des autres coups. Autrement cela feroit un très-méchant effet, & une contorsion é-
trange, un bras étant tourné d'une maniére, & l'autre dans un
autre sens. C'est ainsi que je l'ay vû montrer à quelques Maîtres. Que la cuisse & la jambe gauche soient élevées, & aussi
les reins, le plus que vous pourrez, sans néanmoins démarer le
pied gauche, comme vous le voyez marqué : & non pas comme

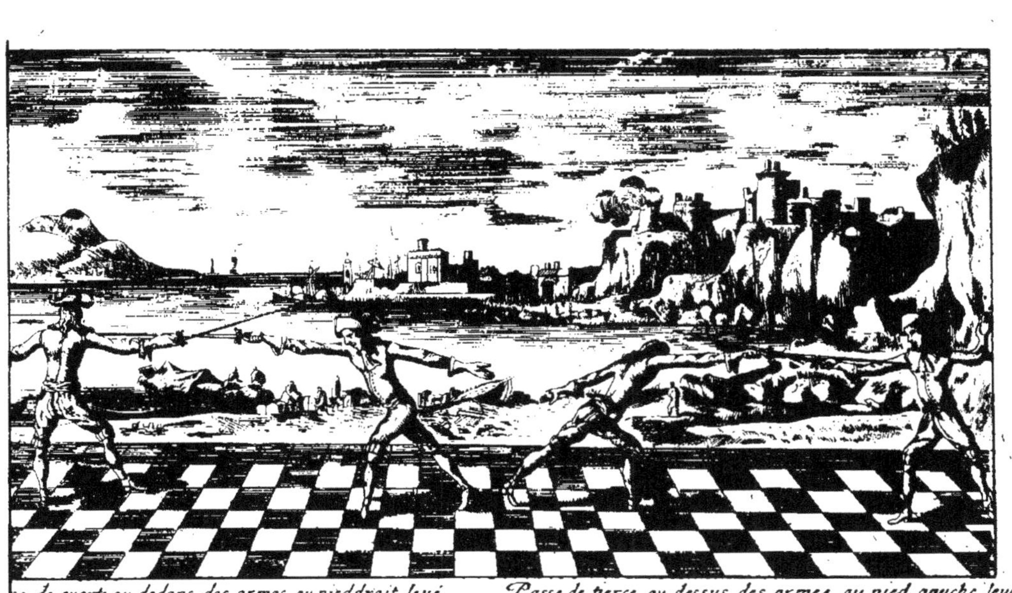

se de quarte au dedans des armes au pied droit leué.    Passe de tierce au dessus des armes au pied gauche leué

me des Figures que j'ay veües, qui avoient la cuisse & la jambe presque touchante à terre, & le pied gauche tout à fait couché. La mesure, la force, ny la justesse du coup, n'y peuvent jamais être de cette maniére, & il faut s'en tenir à celle que je vous marque. Ayant rencontré en poussant l'Epée de l'ennemy, comme vous voyez, il n'y a aucun risque; & remarquant sa maniére de parer, vous devez promptement vous retirer hors la mesure, & revenir faire la feinte à la tête, pour l'obliger à retourner à la même faute, qui se fait presque toûjours. L'on me dira qu'en faisant la feinte, je peux être pris sur le temps. Je répondray qu'il n'y a point de coup qui n'ait son contre-coup, comme je feray voir par la suite : Mais en cet endroit je le fais aller à la Parade, comme l'on voit en la seconde Figure. Quand il a paré, en élevant en haut, vous luy ferez la feinte, ou le semblant de luy donner au visage, sans pourtant toucher son Epée. Vous baisserez un peu le corps, en faisant cette feinte. Dans le temps qu'il levera son Epée pour parer, il levera aussi le bras & se découvrira dessous les armes, c'est dans ce temps que vous dégagerez & luy porterez le coup sous la ligne du bras droit, en tournant la main de Seconde, baissant le corps, tournant le poignet & l'élévant un peu davantage qu'à la Tierce. On la nomme Seconde, parce qu'elle est d'un dégré plus haut que la Tierce. La Prime est plus haute que la Seconde. Ce que j'expliqueray en son lieu.

Prenez bien garde que la main parte la premiére dans tous vos coups. Bela est si nécessaire, qu'il faudroit même que le coup fust porté au corps, devant que le pied fust levé, & le coup se-

roit parfait. Prenez aussi garde de ne poser pas le corps & les jambes autrement que je vous ay fait faire cy-devant à la Tierce. Aprés avoir poussé vôtre coup, il faudra vous retirer de cette maniére, pour être sans danger. Devant que de relever le corps qui est baissé, il faut s'asseurer de l'Epée ennemie, en faisant un petit cercle autour, pour la trouver de Tierce dessus les Armes; & s'en étant asseuré, vous releverez vôtre corps, & ferez vôtre retraitte avec asseurance, hors la mesure, & l'Epée bien devant vous. Si l'ennemy venoit pour vous poursuivre, quand vous vous retirez, vous pourriez le prendre sur le temps, en cas que vous vissiez de grandes découvertes. S'il vous poussoit, vous pourriez pour le mieux tâcher à parer, pour donner aprés la risposte. Il y a encore une autre maniére de s'en aller, qui est qu'ayant poussé vôtre botte de Seconde, vous pouvez vous retirer sans revenir à l'Epée, en baissant la vostre, le bras & l'Epée hors la cuisse droite, que l'on nomme *Epée perdue*. Vostre ennemi voyant cela, ne manquera pas d'aller pour trouver vostre Epée qui est basse, dans le rems qu'il fait ce mouvement, ne souffrez pas qu'il la touche, dégagez dessus les Armes, car ce sera où il se découvrira. Vous pouvez même redoubler dessous, aprés vous être remis, en cas qu'il leve le bras, puis relever vostre Epée à la sienne, comme je viens de dire, où vous découvrant dans les Armes, il viendra apparemment vous y pousser; ne manquez pas de donner la risposte le long de l'Epée, sans la quitter, en opposant la main gauche, comme je feray voir dans la suite. Ce qui est bon l'Epée à la main.

CHA-

## CHAPITRE VIII.

*De la Parade du foible ou de la pointe deſſus les armes; & le coup pour cette Parade.*

PLuſieurs ſe ſervent de cette Parade, ſur tout dans les Pays étrangers, comme je l'ay vû pratiquer, auſſi bien que de la Parade en contre-dégageant, qui eſt que quand on leur pouſſe de Quarte dans les armes, lors que vous dégagez, ils contre-dégagent, & parent deſſus les armes. De même, ſi vous leur pouſſez de Tierce en dégageant, ils contre-dégagent & parent au dedans des armes. Quand c'eſt de prés, ils ont peine à parer, à cauſe qu'ils dégagent dans le temps que vous leur pouſſez. C'eſt pourquoy ils recevront ſouvent, lors qu'ils voudront dégager, & le coup que l'on leur pouſſe va plûtôt au corps, dans le temps qu'ils dégagent, qu'ils n'ont ſongé à revenir trouver l'Epée. La meilleure Parade deſſus les armes, eſt de tourner la main de Tierce, en baiſſant un peu le corps & le poignet à proportion, la pointe vis à vis le corps de l'ennemy, un peu élevée, afin que la Parade ſoit du fort à côté. De cette maniere la riſpoſte eſt fort aiſée à donner, d'autant qu'en parant, la pointe ne s'éloigne pas du corps de vôtre ennemy. Au contraire en parant de la pointe deſſus les armes, comme il eſt marqué en cette Planche, vôtre Epée s'oſte de devant vous, & fait une cavation au poignet deſſus les armes, qui fait que le coup pouſſé avec viteſſe, entre plus aiſément au corps. Ce qu'il faut faire à cette Parade de la pointe, eſt qu'ayant reconnu ſa maniere de parer, par les moyens que j'ay marquez dans les autres coups cy-devant, il faut toûjours pouſſer une Botte à deſſein de le faire parer, qui eſt à cet endroit de Quarte au dedans des armes. La maniere de la pouſſer, &

auſſi comme il faut qu'elle ſoit ſituée, eſt expliquée dans le deuxiéme & troiſiéme Chapitre. Aprés vôtre eſtocade pouſſée, il faut s'en aller au plus vîte, crainte de la riſpoſte, puis revenir en la meſure ordinaire, & y étant vous lui ferez la feinte ou le ſemblant de pouſſer à l'endroit où il aura paré, tournant bien la main de Quarte, la pointe vis-à-vis l'épaule droite, le bras tout étendu, levant le poignet à la hauteur de la tête, pour être bien couvert, & le fort devant vous, en faiſant un petit cercle de vôtre pointe autour de la pointe ennemie, vous lui repreſenterez, comme ſi vous lui vouliez donner droit de Quarte deſſus les armes, & battrez du pied droit, pour le mieux ſignifier, en tenant le gauche ferme, l'épaule gauche bien éfacée, éloignant le corps en arriere ſur la jambe gauche. Par ces manieres vôtre ennemy ne manquera pas de détourner ſa pointe, pour parer, comme vous voyez en la premiere Figure; c'eſt dans ce temps qu'il ne faut pas qu'il trouve vôtre Epée, par ce que vous dégagerez dans le même temps de Quarte au dedans des armes, & pouſſerez droit au corps. Si vous y rencontrez ſon Epée, vous ſoûtiendrez vôtre coup, & vous oppoſerez voſtre fort à ſon foible. Car j'ay ſouvent remarqué que des gens ayant paré negligemment, leurs adverſaires en ſoûtenant ferme, ne laiſſoient pas de donner le coup; parce que la foibleſſe & la negligence de leur Parade en étoient cauſe. C'eſt pourquoy il faut toûjours ſoûtenir ferme en pouſſant, même juſqu'à ce qu'on ſoit hors de meſure. Gardez-vous bien de ne point tant forcer l'Epée en pouſſant, car vous n'adjuſteriez pas;

même

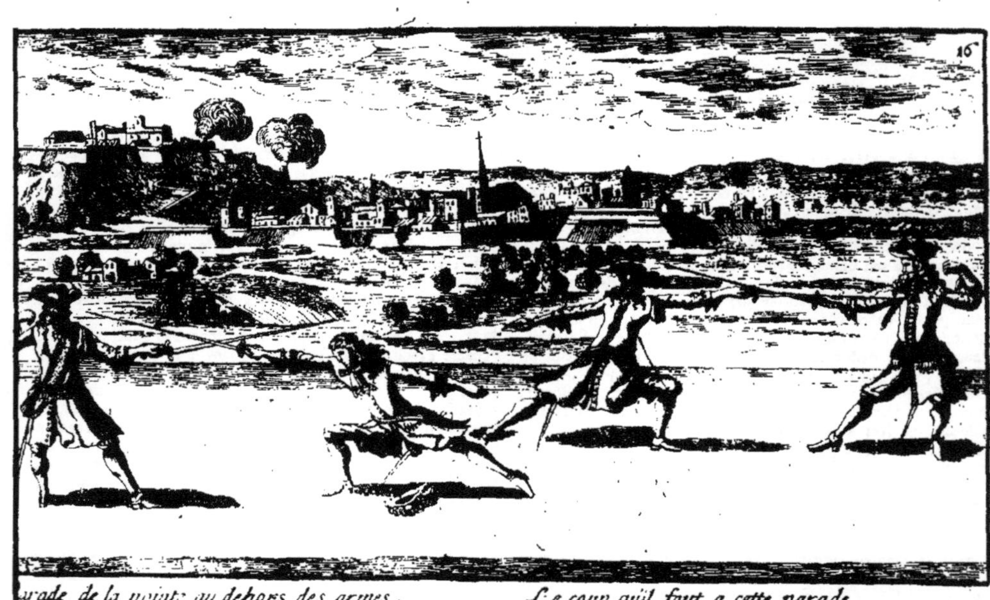


Parade de la pointe au dehors des armes .
Le coup qu'il faut a cette parade .

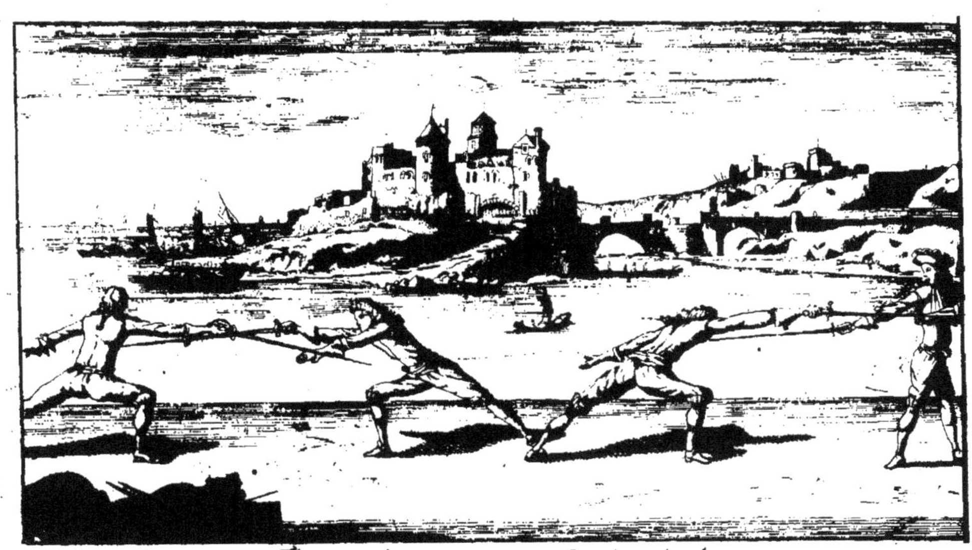

Flanconnade.
Demie volte du corps.

mefme fi l'ennemy dégageoit & pouffoit dans le temps que vous forcez l'Epée, vous pourriez recevoir le coup.

Aprés avoir pouflé, il faut fonger à fa retraite, qui fe fera comme je l'ay enfeignée, ou à fe remettre en garde ; qui fera de cette maniéré. Il faut retirer vôtre corps le premier, le bras étendu, & l'Epée devant vous, puis retirer voftre pied droit, fans bouger le gauche, & par ce moyen vous ferez remis à voftre garde ordinaire. Vous vous découvrirez deflus les Armes, l'ennemy ne manquera pas de vous pouffer, & dans ce temps vous parerez de la maniére que j'ay dite dans le Chapitre cinquiéme, pour vous faire jour deflous les Armes, & y rifpofterez ; puis vous ferez voftre retraite. Vous pouvez auffi, fi vous le jugez à propos, parer à côté de Tierce, deflus les Armes, pour y rifpofter le long de l'Epée, deflus les Armes, fans la quitter ; puis vous ferez voftre retraite, aprés laquelle vous pouvez attendre voftre ennemy. En cas qu'il vous pourfuive dans ce temps, vous tâcherez de le prendre fur les temps, ou pour le mieux de vous attacher à la parade ; ce qui fera plus facile, parce que vous le verrez venir à vous. L'on me dira fur cette botte de Quarte, que dans le temps que l'on a pouflé, on peut prendre le deflous de mefme temps. Ce qui fe peut faire : Mais en cette occafion, comme j'ai dit, je fais aller l'ennemy à la parade; par conféquent il ne peut faire deux actions, favoir celles de parer & de pouffer. Je parleray en fon lieu pour ceux qui prennent les deflous fur ce coup.

## CHAPITRE IX.

*De la Parade au dedans des Armes, en oppofant la main gauche : De la Flanconnade ; & du Coup nommé Demy-volte.*

IL y a bien des fortes de Parades. J'en ay parlé dans le quatriéme Chapitre, touchant la demy-botte. Dans le cinquiéme Chapitre, fur la feinte dedans, & tiré deflus. Dans le feptiéme, fur la feinte à la tefte, & tiré deflous. Dans le hoitiéme, fur la feinte dehors, & tiré dedans. Il me refte à faire voir dans ce Chapitre, comme je l'ay promis, la maniére de parer au dedans des Armes, en oppofant la main gauche. Ce qui peut fervir pour la deuxiéme & troifiéme Planche, étant une mefme parade pour le dedans des Armes. Pour la figure qui pouffe de Quarte dans les Armes, fa fituation eft de mefme que les autres qui pouflent de Quarte, finon que vous luy voyez fon Epée plus baffe, d'autant que celuy qui pare, par la force de la parade luy fait baiffer fon Epée, pour fe faire jour fous la ligne du bras. Cette parade fe fera du talon de l'Epée, en baiffant un peu la main droite, en oppofant la gauche au deflous de la droite, fans la quitter, finon ce ne feroit plus oppofition de main, ce feroit parer de la main. Il y a grande différence entre oppofer la main gauche, & en parer. Je parleray cy-aprés des Parades de main. Son Epée ayant paré, fa main gauche vient au fecours. En cas que l'Epée ennemie faffe quelque ligne angulaire & traverfante, comme tournant la main de Seconde au dedans des Armes, on ne peut prefque parer autrement que par cette oppofition de main. Cela n'empêche pas que l'Epée ne pare & ne faffe fon effer, la main gauche n'étant que pour les lignes de Seconde. Si bien qu'il fera aifé de donner la rifpofte, comme vous voyez en cette Planche, principalement pour fes

C

coups

coups pouſſez au dedans des Armes. Cette riſpoſte ſe donne ſous la ligne du bras, en forçant un peu l'Epée, ſans la quitter, & ſe donne au flanc comme il eſt marqué : C'eſt pourquoi on la nomme *Flanconnade*. Meſme vous y pouvez redoubler, tant que vous tenez l'Epée de voſtre ennemy engagée par la voſtre, & par la main gauche. Autrement, ſans cette oppoſition, il pourroit vous frapper, ſans être frappé, parce que dans le temps que vous vous oppoſez à l'Epée ennemie, ſans oppoſition de main gauche, il n'auroit qu'à tourner la main en levant le poignet fort haut, de Prime ou de Seconde, & vous ſeriez touché. Pour voſtre retraite, vous la pouvez faire Epée perduë, comme je vous l'ay expliqué cy-devant. Il eſt encore à remarquer que dans le temps qu'il voudra courir ſur vous, comme il arrive ſouvent, vous pourrez faire la feinte où il ſe découvre, vous ne manquerez pas de l'arrêter, & il voudra parer dans le temps que vous luy pouſſerez ; mais il ne ſera dans aucun état de le faire, d'autant que ſes pieds ny ſon corps ne ſeront plus fermes, parce qu'il eſt en marche : ainſi il ſera aiſé de le ſurprendre. Pluſieurs courent en avant pour obliger de faire tirer ſur les découvertes de l'ennemy. Ils peuvent être frappez au premier temps ; mais il faut que ce ſoit avec grande viteſſe, comme j'ay enſeigné au Chapitre V. des Temps. C'eſt pourquoy je dis que l'Epée à la main, les parades ſont meilleures, & tout à fait néceſſaires pour l'occaſion, Je ne puis trop le repeter.

Il y a encore deux Figures dans cette Planche, qui marquent un coup aſſez particulier, qu'il faut obſerver. C'eſt encore pour le deſſus des Armes. Si l'on vient à vous pouſſer une grande botte deſſus les Armes, de Tierce ou de Quarté, Il n'importe, & que l'on veüille vous tirer du fort au foible, en forçant voſtre Epée, vous ne reſiſterez pas à l'Epée de voſtre ennemy ; mais plûtôt vous céderez à la force, en la quittant, & vous luy ferez comme vous voyez en cette Figure qui eſt pour l'expliquer. Voſtre ennemy ayant pouſſé cette grande botte deſſus les Armes, en forçant voſtre Epée, vous laiſſerez tomber la pointe de Quarte deſſous la ligne du bras droit de voſtre ennemy, pour luy porter, comme vous voyez, en tournant le corps à demy, & piroüettant ſur la pointe des pieds, pour faire une demy-volte, ſans pourtant démarer d'une meſme place. Il faut auſſi que les deux bras & les yeux ſoient tournez du côté de l'ennemy, le bras droit pour pouſſer, & le bras gauche pour opoſer, en cas de cavation d'Epée, & les yeux pour regarder ce qu'il fait : Puis en repiroüettant, vous vous retrouverez en voſtre garde ordinaire, & tout prêt à éxécuter ce que vous verrez à propos, ſelon le mouvement de voſtre ennemy, tant pour reprendre, parer, que riſpoſter. Ce coup eſt particulier, & différent de ceux qui voltent, comme je feray voir cy-aprés.

# CHAPITRE X.

### D'une maniere de Garde à l'Italienne.

IL y en a qui ſe mettent en garde le poignet tout à fait de Quarte, la pointe baſſe, les deux genoux pliez, le bras droit racourcy, comme vous pouvez voir en la deuxiéme Figure en garde. Celle que je luy oppoſe, eſt une garde approchante de la meſme. Le corps ſitué preſques à l'ordinaire. Je luy fais baiſſer la pointe de ſon Epée, parce que quand nous avons une garde à combatre, il faut tâcher à l'imiter le plus qu'il eſt poſſible, afin d'être plus en état de s'en deffendre & d'attaquer.

Ils

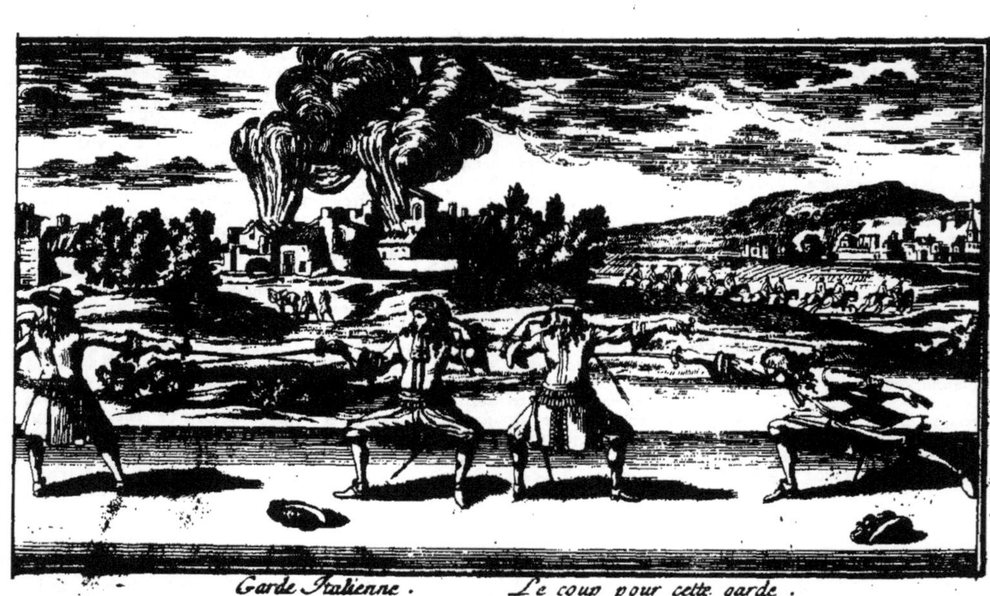

Garde Italienne.          Le coup pour cette garde.

Ils tirent toûjours sur les temps, & ne parent jamais, qui sont, comme j'ay dit, des coups trés-périlleux : C'est pourquoy il n'y a rien qui les embarrasse plus que la mesme garde & la mesme posture. Celuy qui voudra se défendre de cette garde, prendra donc la mesme posture, & étant dans la mesure & distance raisonnable, il tâchera d'attirer l'ennemy par des demy-coups, des feintes, des découvertes de corps, pour le faire partir ; & dans le mesme temps qu'il poussera son estocade, il ne faut pas manquer de parer & risposter le long de la ligne de son Epée, qui servira de guide pour aller à son corps, sans pourtant la forcer. Si c'est au dedans des Armes qu'il aura tiré, vous opposerez la main gauche, qui est d'un grand secours à ces sortes de gardes; car souvent aprés avoir poussé de grandes bottes tout droit de Quarte, ils tournent la main de Seconde : Et comme ils poussent aussi souvent de Quarte sur les Armes, cette demy-volte ne sera pas mauvaise, lors que vous la pourrez faire à propos. Quelquefois ils coulent un demy-coup dessus les Armes, en se découvrant au dedans des Armes, pour obliger à dégager & tirer de Quarte au dedans des Armes; & dans le temps que vous leur poussez, ils prennent le dessous. Gardez-vous de vous y abandonner, car c'est un appas pour vous surprendre : mais vous ferez plûtôt un demy coup qui ira presque jusqu'au corps; & dans le temps qu'il prend son dessous, vous reviendrez au fer le long de la ligne de son Epée, en retirant un peu en arriére le corps & le pied droit, sans bouger le gauche, & baisserez la main droite, en y opposant la main gauche, vous parerez du talon ou du fort de vostre lame, & risposterez aussi-tôt le long de son Epée, sans la quitter, en pous-

sant droit au corps de l'ennemy, que vous trouverez encore baissé : Ce qui fait que souvent ils reçoivent au visage, parce qu'ils demeurent au bout de leur coup, & y ayant épuisé toutes leurs forces, ils ne peuvent se remettre ny parer.

Pour finir ce Chapitre & ce qui regarde cette Planche, il reste à faire voir le coup suivant, qui se donne le plus souvent à ces sortes de gardes, dont la pointe est délicate, parce qu'ils tirent & dégagent d'abord que vous touchez leur Epée. Ce coup sera que tenant la mesme garde de l'ennemi, vous coulerez un petit pas, & trouvant son Epée, vous l'engagerez au dedans des Armes, en baissant vostre pointe le long de sa lame, entrant un peu dans la mesure ; vous ferez sans vous arrêter un cercle autour de son Epée, sans la quitter, & à mesure que vous acheverez ce cercle, vous tournerez le poignet de Seconde dessous les Armes, & pousserez vostre coup jusqu'au corps, en soûtenant bien la main. S'il dégage dans ce temps, vous ne laisserez pas d'achever le coup de même qu'il aura été commencé, & il sera encore plus aisé à luy donner. Si aprés avoir donné, il vouloit reculer le corps, vous pourriez passer le pied gauche, pour serrer davantage la mesure, & finiriez vostre coup par le saisissement d'Epée, comme il est marqué en la treiziéme Planche, & comme je l'expliqueray. S'il avançoit le corps, son Epée au devant, vous pourriez saisir la garde de la maniére que vous verrez cy-aprés. S'il demeuroit, vous pourriez, aprés avoir donné le coup, faire vostre retraite, pour faire ce qu'il seroit à propos, selon ses démarches & ce que vous en pourriez juger.



CHA-

# CHAPITRE XI.

### Des Parades de main.

IL y en a de tant de fortes qu'un Livre fort gros ne les pourroit contenir , d'autant que naturellement tous les hommes veulent éloigner avec la main les coups qui les menaçent. Pour faire voir les plus ordinaires , je commenceray à faire diſtinction entre les Parades de la main gauche, & les oppoſitions de main gauche , dont peu de gens connoiſſent la difference. L'oppoſition de main gauche , comme j'ay dit dans le Chapitre V. & marqué dans la cinquiéme Planche , au coup de Flanconnade . eſt que l'Epée ayant fait ſon effet en parant , il faudra aprés y joindre la main & le bras gauche , en cas que l'Epée ennemie vienne à y former des lignes angulaires & traverſantes ; car alors l'Epée ne ſeroit pas capable de les parer , à moins que de volter du corps : ce qui ſeroit fort perilleux , comme je le feray voir. C'eſt pourquoy on a trouvé à propos cette oppoſition , quoyque peu s'en ſçachent ſervir. Je traiteray en ce Chapitre de deux ſortes de Parades de main : La premiere ſera en abaiſſant le coup par en bas ; & l'autre eſt en élevant & jettant le coup par deſſus la teſte. L'un & l'autre ſont trés-dangereux , parceque l'on a vû ſouvent dans des combats , que l'on perçoit la main de celui qui vouloit en parer , juſqu'à l'attacher au corps. Ainſi cette maniere de parer eſt trés perilleuſe , comme je vais le faire voir , parcequ'on neglige toûjours la parade de l'Epée , pour ſe ſervir de la main Par exemple , j'ay affaire à celui qui pare de la main en baiſſant le bras. Il ſe met en garde la main droite fort baſſe & demy-tierce , l'Epée droite , que l'on nomme de Quinte , comme il eſt marqué en cette Planche. Il a l'épaule & la main gauche fort avancées , & par conſequent ſe découvre beaucoup le corps , à deſſein que l'on lui pouſſe droit , pour y parer de la main. Il faut prendre garde d'y pouſſer , mais bien en faire la feinte , en avançant beaucoup la main , & en tournant le poignet de Quarte. Que le coup ſe repreſente droit à la hauteur de la cravatte , & aille preſque au corps , ſans pourtant vous abandonner. L'ennemi voyant ce demy coup venir , ou ce ſemblant de pouſſer à cette découverte , ne manquera pas de vouloir parer de ſa main gauche ; c'eſt dans le tems qu'il pare , que vous dégagerez voſtre Epée autour du bras gauche , & lui tirerez tout droit de Quarte par deſſus ſon bras gauche , & lui donnerez à la hauteur de la cravatte- Vous réüſſirez bien de cette maniere , en oppoſant voſtre main gauche , comme vous voyez en cette Planche , aux deux premieres Figures. Si vous vous trouviez ſurpris d'un même tems , vous n'auriez qu'à baiſſer vîte voſtre Epée , & vous oppoſer à la ſienne , en oppoſant auſſi la main gauche. Vous pourrez riſpoſter en tournant la main & l'élevant de Prime , c'eſt à dire , que voſtre poignet ſoit au deſſus de la teſte , & la pointe à l'eſtomac , qui eſt le coup le plus haut des armes , & qui ſe pouſſe de haut en bas. Il faut tourner la main davantage que de Seconde , comme il eſt dans la Planche du coup de l'Epée à deux mains. L'on pourra faire aprés la retraite , & ſi l'on eſtoit trop prés , l'on pourroit paſſer le pied gauche dans la même poſture , & venir au ſaiſiſſement dont je veux vous parler dans la ſuite.

L'autre parade de main , eſt qu'en pouſſant droit au corps , ils jettent le coup pardeſſus la teſte avec la paûme de la main ,

&

Parade de main


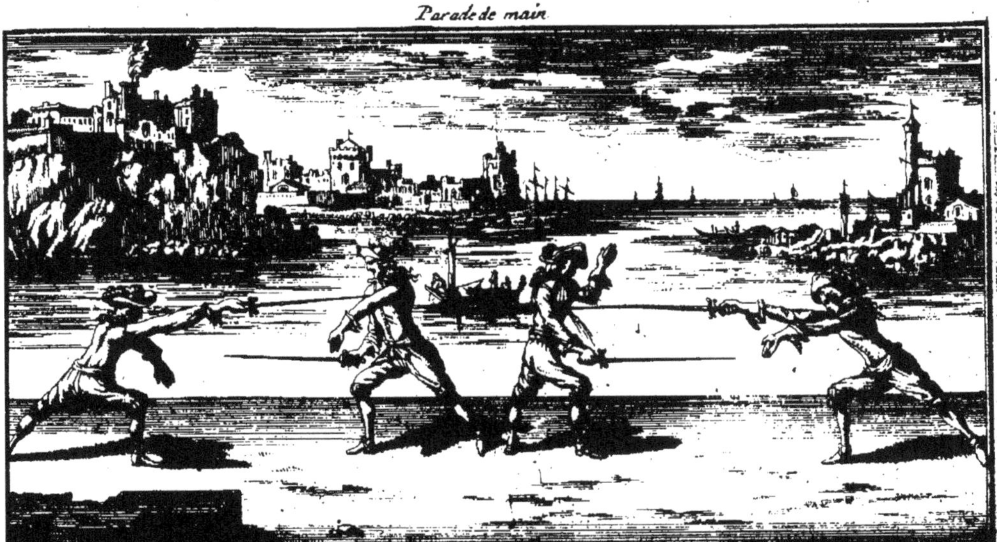


Coup donné a ceux qui parēt en abaiss'. le bras
Coup dōné a ceux qui parēt en esleuant le bras

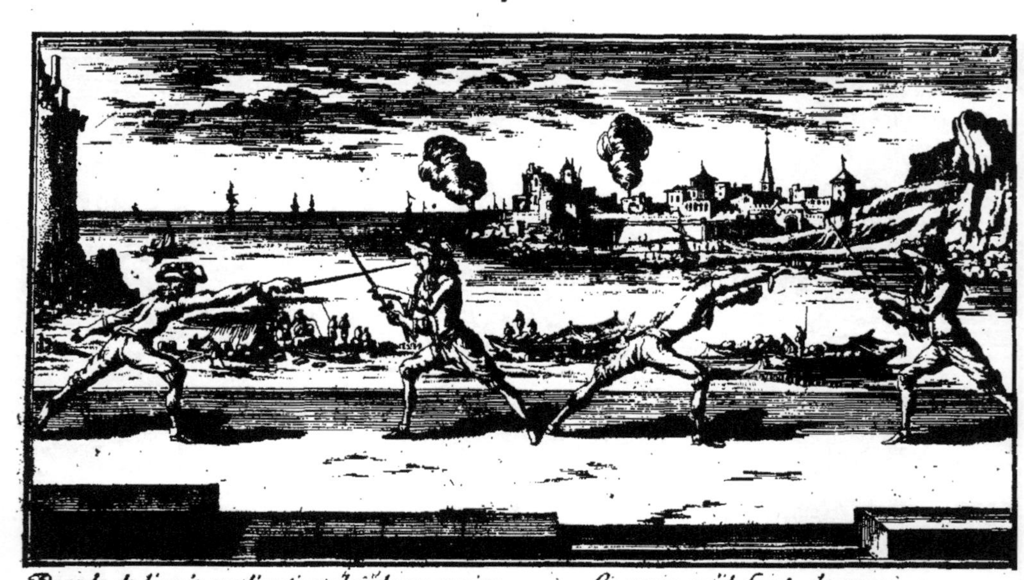

Parade de l'espée que l'on tient des deux mains    Le coup qu'il faut donner.

& peuvent par ce moyen parer le coup poussé, & donner aprés au corps, faisant écarter l'Epée de son ennemy de devant lui. Ils se mettent en garde comme à l'autre parade de main, & comme vous voyez, l'Epée basse, hors que la parade est differente. Celle-cy jette le coup pardessus la teste, & l'autre l'abaisse. Il sera aisé de voir cette maniere de parer sans rien hazarder, qui est, comme je l'ay dit à l'autre parade, de pousser à l'ennemy un coup qui n'aille pourtant pas jusqu'au corps. En voulant parer, il ne manquera pas de vous faire voir sa maniere de parade; ce qu'ayant remarqué, vous vous retirerez hors la mesure, & aprés vous reviendrez lui representer le coup precedent, qui sera de Quarte, en lui faisant feinte de pousser. Il ne manquera pas de vouloir lever le coup en haut, avec sa main gauche; vous lui dégagerez dans ce temps, en tournant autour de la main, & lui donnerez par dessous sa main gauche (de laquelle il aura voulu parer) en poussant de Quarte tout droit à la hauteur de la cravatte, & pousserez ferme vôtre estocade jusqu'au corps, en opposant la main gauche, comme vous voyez en la deuxiéme action de cette Planche : Car dans toutes ces sortes de coups elle y est trés-necessaire. Aprés avoir donné, faites vôtre retraite; & si vôtre ennemy courroit en avant, ne le prenez pas sur le temps, mais faites-y toûjours la feinte à la main, comme j'ay marqué : Ce qui est trés-bon. Il y a encore autre chose à craindre dans ces sortes de Parades; car il y en qui parent de leur main gauche, & poussent de même temps : mais il sera aisé de s'en garantir. En marquant un temps ou demy-coup, pour les faire partir, vous verrez d'abord les actions des deux bras; alors vous ferez un battement sec à leur Epée, & tirerez tout droit de Quarte, le long de la ligne. Ce battement vous servira de Parade, & est fort seur. Ensuite vous ferez vôtre retraite.

## C H A P I T R E   X I I.

*De ceux qui tiennent l'Epée avec les deux mains.*

IL y en a qui se mettent en garde en tenant leur Epée avec les deux mains, sçavoir la poignée de la droite, & la lame de la gauche, comme l'on peut voir en cette Planche. Ils parent tous de la pointe ou du foible de l'Epée, en découvrant le corps en avant. Si on leur pousse au dedans des armes, ils parent aussi de la pointe, & se découvrent dessus les armes. Si on leur pousse dessus les armes, ils se découvrent beaucoup au dedans des armes, à cause de leur grand mouvement en parant. Ils disent pour leur raison, que lors qu'ils se mettent en cette garde, ils en ont plus de fermeté & de force en parant, par ce qu'ils parent sec; & ils se font faire beaucoup de jour pour pousser ensuite avec plus de vitesse & plus de mesure. Aprés cette parade, ils partent tout d'un temps droit au corps, en lâchant leur main gauche derriere, & portent la botte. Ils ont le corps beaucoup en avant. Ils ployent le genouil droit, & roidissent le gauche, afin d'être plus prêt à partir : Mais il est aisé de leur donner, d'autant qu'ils ont tout le corps en butte & prés de la mesure. En attaquant ces sortes de gardes, il faut éviter de trop entrer dans la mesure; car ils engageroient vôtre Epée, que vous auriez peine à dégager. S'ils viennent pour chercher vôtre lame par de grandes découvertes, en la voulant forcer, ne vous la laiſſez pas toucher , & dégagez dans ce temps de l'autre côté. Ayez la pointe fort delicate. S'ils vouloient la chercher au dedans des armes , dégagez deſſus en élevant le poignet de Seconde. S'ils la cherchent dehors les armes , dégagez dedans en tournant la main de Prime , du haut en bas, comme il eſt marqué en cette Planche, au coup paré , & au coup pouſſé. Pour les ſurprendre encore, il faut leur faire une feinte ou ſemblant de pouſſer à l'endroit où ils parent le plus : Voyans cette repreſentation , ils ne manquent jamais de ſe découvrir beaucoup , c'eſt dans ce temps qu'il faut de vîteſſe leur allonger vôtre eſtocade, de la maniere que je viens de l'enſeigner, pour le dedans & le deſſus des armes, au premier de Prime , & à l'autre de Seconde. Il eſt encore à obſerver qu'il faut dans tous ces coups , que la main precede toûjours le pied ; car ce n'eſt pas le pied qui donne , c'eſt la main : Et par ce moyen tous les coups feront parfaits.

Ces repetitions vous paroîtront ennuyeuſes, mais je ne puis les retrancher , étant une des maximes pour l'Exercice la plus neceſ-ſaire. En un mot c'eſt le ſecret generalement pour tous les coups.

Vous voyez dans cette Planche, comme cecy eſt repreſenté. Dans la premiere , c'eſt celuy qui pare ; & l'autre action eſt le coup donné de Prime au dedans des armes. Vous voyez les ſituations des corps bien repreſentées. Celuy qui donne de Prime , éleve les reins fort haut , pour être dans toute ſa force , le poignet élevé , pour ſe garantir du même temps, le pied gauche ferme à terre, pour ſonger à une bonne retraite , aprés le coup donné , ou à paſſer au beſoin ; & toute cette étenduë ne fait qu'une ligne , depuis la tête juſqu'au talon gauche , le long des reins. La tête & le bras droit font auſſi une même ligne , ſoûtenus par la jambe droite, dont le genouil eſt ployé dans l'état naturel , qui répond à la pointe du pied , en ligne droite , & ſelon la régle , & dans toutes ſes forces, pour faire ce qui peut être à propos, comme de paſſer au beſoin & ſaiſir la garde ; & non pas comme j'ay vû en certains Livres des Figures qui étoient trop allongées hors de forces, aprés avoir pouſſé. J'en ay fait voir les deffauts.

## CHAPITRE XIII.

*De quelques ſortes de Gardes Allemandes.*

IL eſt à propos de vous entretenir d'une garde dont j'ay vû ſouvent ſe ſervir dans les pays étrangers, ſur tout en Allemagne & en Hollande , où j'ay fait pluſieurs aſſauts avec les Maîtres les plus diſtinguez. Pluſieurs qui ont fait des Livres ſur les Armes, n'en ont point parlé. Je ne crois pas que ce ſoit faute d'experience : Mais je ne trouve pas que ce ſujet doive être negligé. J'ay déja parlé de leurs manieres de parer , & même de pouſſer en contre-dégageant ; je diray icy en paſſant, que leurs contre-dégagemens en pouſſant ſont les meilleurs. Dans ce Chapitre je feray voir leur garde , leur maniére d'attaquer & de ſe défendre , & auſſi la maniére de les attaquer & de s'en défendre.

Cette garde paroit fort embarraſſante à ceux qui ne l'ont pas pratiquée ; mais je vais en inſtruire ceux qui n'en ont aucune connoiſſance. Elle eſt toute diférente des nôtres. Ils ſe mettent le corps fort avancé, le repoſant ſur la jambe droite, la teſte auſſi en avant & plus baſſe que le poignet , en ſorte qu'ils ſont tout couverts du fort de leur Epée ; la main tournée de Prime , ou fort de Seconde , leur pointe

fort

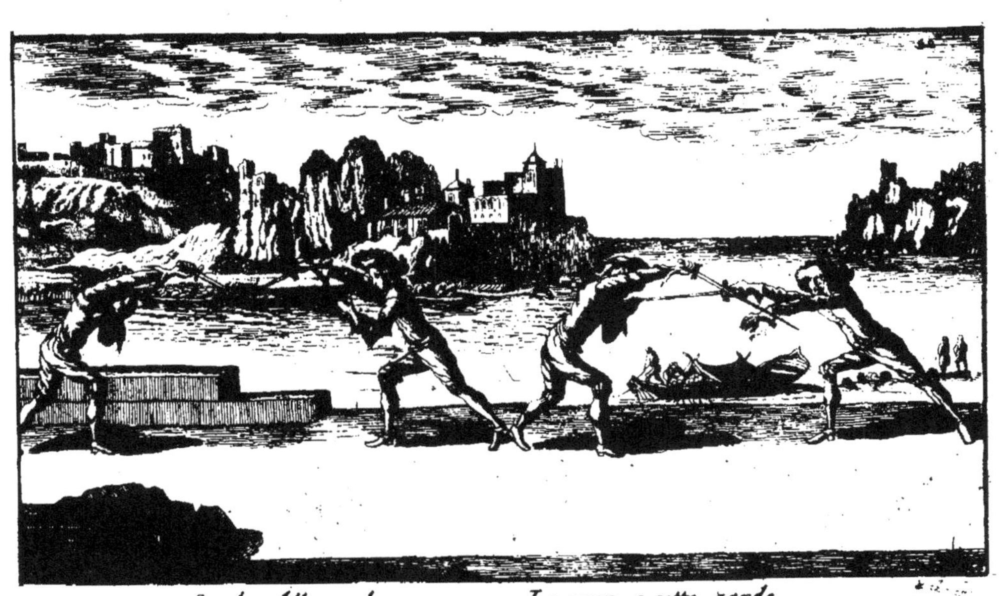

Garde Allemande.                    Le coup a cette garde.

fort baſſe, le genouil droit ployé, & auſſi le gauche ; la main gauche fort avancée ſous la ligne du bras droit, pour s'en ſervir à parer ; quand on leur pouſſe deſſous les Armes de Seconde ; & ne manquent pas, aprés cette parade de main, de donner leur coup du haut en bas, de Prime dans les Armes, ou quelquefois deſſus. Il faut que la pointe baiſſe, & que le poignet ſoit au plus haut. Ils ne ſe tiennent que ſur la pointe du pied gauche, toute leur force étant en avant, & prétendent qu'ils en ont plus de liberté, & leur pointe d'Epée plus délicate pour le dégagement. Il eſt vray qu'ils ſavent bien ſe ſervir de cette garde. On a peine à trouver leur Epée : Ce qui fait qu'il faut avoir beaucoup de ménagement avec eux. Ils tirent ſouvent ſur les temps, mais ils ne peuvent pas beaucoup s'allonger. La raiſon eſt que le corps étant en avant & ſe repoſant ſur la jambe droite, il fait un fardeau ; ce qui cauſe qu'ils ne peuvent pas porter le pied plus loin que d'une ſemelle, & leurs coups d'ordinaire, quand ils portent, ne touchent de la pointe que fort peu, parce qu'ils ne peuvent tirer de longueur. Ils diſent que lors que nous leur allongeons de grandes bottes, & qu'ils parent, nous leur faiſons leur meſure, & par conſéquent ils n'ont pas beſoin de tant s'allonger. Ils ont raiſon pour les coups de riſpoſte, mais pour l'attaque il faut toûjours tâcher d'allonger de plus loin que l'on peut, ſans pourtant lever le pied haut, au contraire en pouſſant il faut que ce ſoit toûjours à rez de terre ; autrement cela retarderoit tout à fait le coup. Mais ſur tout la main la premiére. Ce que j'établis toûjours comme le premier principe. Et non pas comme pluſieurs qui font tout partir à la fois. Ils ſe trouvent ſi ſouvent embarraſſez dans l'Epée ennemie, qu'ils ne ſavent comment ſe dégager ; car le pied étant avancé, & le coup n'étant pas donné, cela fait ſouvent retirer le bras, aprés être allongé, parce qu'on ſe trouve trop prés. Ils parent beaucoup de la main, & pouſ-

ſent en même temps qu'ils parent. Ils reviennent auſſi-tôt chercher l'Epée, & même la forcent beaucoup.

Pour s'oppoſer donc, à ces gardes étrangéres, il faudra que ceux qui voudront s'en défendre, commencent par prendre leur même garde, ſi faire ſe peut. C'eſt ce que la plûpart des Maîtres ne montrent pas aux Ecoliers, ou par négligence, ou parce qu'ils ne le ſavent pas. Il y a des Maîtres aſſez hardis pour ſe vanter de ſavoir des bottes ſecrettes ; mais la plus ſecrette, c'eſt le temps de l'exercice & l'expérience qui nous en apprend tous les ſecrets. Si un Maître dit qu'il ſait un bon coup, qu'il peut donner quand il luy plaira, il faut qu'il en ſache pluſieurs ; car le coup qui ſera propre à une garde, ne ſera pas propre à l'autre. C'eſt pourquoi il faudroit qu'un Maître en ſçeût plus de cent, pour toutes les gardes différentes. Ainſi ne vous arrêtez jamais à ces diſcours de Vray Charlatan & d'ignorant. J'ay vû pluſieurs fois des Gentils-hommes qui me diſoient avoir donné dix piſtolles pour une botte ſecrette : Et quand j'ay vû ce que c'étoit, je leur ay fait voir qu'on les avoit trompez, & que ce ſecret étoit ſans raiſon & ſans fondement. Revenons à ma Planche. J'oppoſe à cette garde, une ſituation approchante, mais avec plus de liberté, comme vous pouvez voir aux deux premiéres Figures. Je luy fais oppoſer ſon Epée à celle de ſon ennemy, audehors des Armes, la main droite tournée en deſſous, la pointe baſſe & croiſant l'Epée de l'ennemy. Pour luy donner le coup convenable à cette garde, vous dégagerez en faiſant un cercle au dedans des Armes, tournant le poignet de Quarte, où vous vous trouverez encore oppoſé à ſon Epée : Vous entrerez par un petit pas dans la meſure, en gagnant le fort de ſon Epée, & vous y oppoſerez la main gauche. Dans ce même temps vous allongerez une grande botte, du fort à ſon foible, tournant bien la main de Quarte, droite à l'eſtomac, à la hauteur de la crayatte. Ainſi il ne pourra parer de ſa

main

main gauche, d'autant que vous en aurez pris les défauts, tenant fon Epée engagée. Dans cette pofture vous pourrez réitérer deux ou trois fois le même coup, dans la même ligne, fans quitter l'Epée ; puis ferez voftre retraite. Vous voyez le coup donné, dans la deuxiéme action de cette Planche. Il y a encore à obferver qu'ordinairement ceux qui fe fervent de cette garde, entrent beaucoup dans la mefure ; c'eft pourquoi dans le temps qu'ils marchent, vous pouvez dégager, en tournant bien la main de Quarte au dedans des Armes ; & tirer ferme au corps, toûjours la main gauche oppofée. Dans cette garde ils levent fouvent la pointe de leur Epée : C'eft dans ce temps qu'il faut leur tirer fous la ligne du bras droit, en dehors, d'autant qu'ils ont peine de parer, à caufe qu'ils ne peuvent porter leur bras gauche fi loin ; & par conféquent ils reçoivent fort fouvent. Ils font auffi beaucoup de feintes : Ce fera à vous à en profiter, comme je vous l'ay enfeigné au Chapitre des Temps. Mais fur tout ne manquez pas, à tous les coups que vous leur poufferez, d'oppofer la main gauche ; car il y a tant d'avantures à ces fortes de gardes, que cela y fera fort utile. Je ne me fuis arrêté qu'au principal & aux coups que j'ay vû arriver. Je ne répons nullement du coup de hafard, d'autant que nul ne fe peut vanter d'avoir un coup feur : Mais j'affeureray que celuy qui eft le plus inftruit dans l'Exercice, ayant du cœur, réuffira contre cent mal adroits, j'entends l'un aprés l'autre, fuivant le proverbe qui dit que *Nullus Hercules contra duos.*

## CHAPITRE XIV.

### *Des Paffes au dedans & au dehors des Armes.*

APrés avoir parlé des coups ou eftocades de pied ferme, je parleray maintenant de ceux que l'on nomme *Paffes,* qui eft qu'en portant le coup, l'on paffe le pied gauche devant le droit. J'en ay fait feulement deux Planches ; car il en faudroit une trop grande quantité, pour les mettre toutes en Figures. Dans la premiére Planche deux paffes font repréfentées. La premiére eft une paffe de Quarte au dedans des Armes ; l'autre eft une paffe de Tierce au dehors des Armes, que je vais vous expliquer. D'ordinaire il ne faut point paffer que ce ne foit fur le temps que l'ennemy leve le pied, ou le droit ou le gauche, de même que fi l'on vouloit prendre le temps au coup de pied ferme ; néantmoins il s'en fait affez fouvent d'une autre maniére, favoir qu'étant allongé, & voftre ennemy hors de mefure, fon corps découvert, vous pouvez en cet endroit achever le coup, en paffant le pied gauche devant le droit, & venir aprés au faififfement d'Epée, dont je vous inftruiray dans le Chapitre fuivant. Gardez-vous de paffer dans le temps que l'ennemy éloigne le corps en arriére, comme beaucoup l'enfeignent ; car il n'y auroit aucune feureté, d'autant que le corps de voftre adverfaire s'éloignant, il rompt la mefure, & vous voit venir : Au contraire, paffez dans le temps que voftre ennemy leve le pied droit ou le gauche, pour marcher en avant, comme il eft marqué en cette Planche ; ce fera le moyen d'y réuffir. Il faut donc favoir quand il faut & comment l'on doit paffer de Quarte dans les Armes : Ce fera de bien des maniéres. Si l'ennemy en voulant marcher ou avancer

le

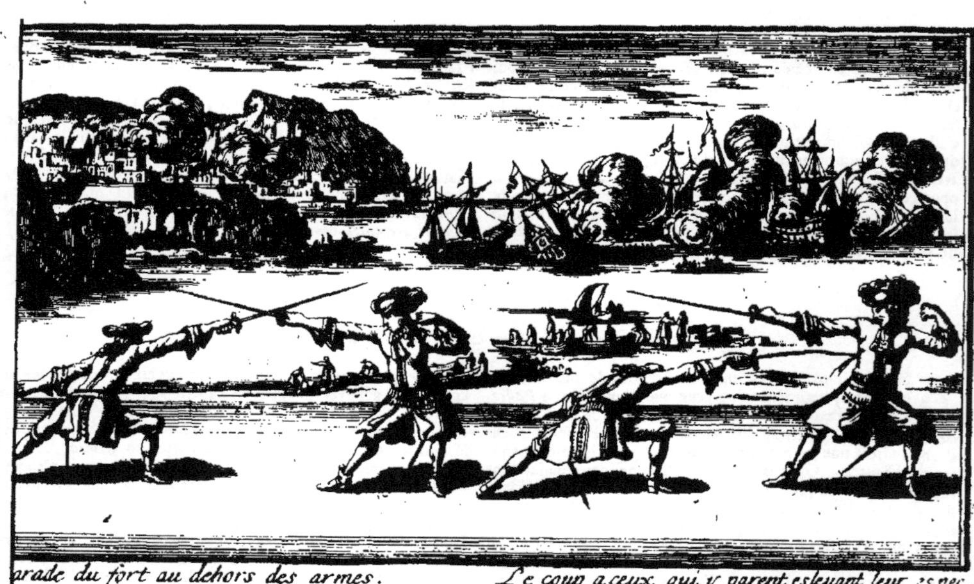

parade du fort au dehors des armes.                    Le coup a ceux qui y parent esleuant leur espe...

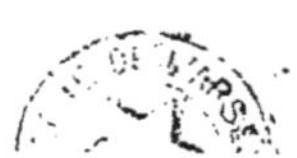

le corps en avant, cherchoit voftre fer & le vouloit forcer ( je fuppofe que vous foyez engagé au dehors des Armes à fon Epée ) vous avanceriez la main la premiére, par un petit dégagement fort court, élevant bien haut voftre fort à fon foible, tournant bien le poignet de Quarte au dedans des Armes, vous pafferiez le pied gauche, & vous iriez donner le coup jufqu'au corps, comme il eft marqué dans la premiére action de cette Planche. Voicy encore un coup feur, qui eft qu'en paffant vous feriez un battement fec, & acheveriez voftre coup de Quarte au dedans des Armes. Ordinairement pour attirer l'ennemy à cette embûche, l'on doit faire un tentement d'Epée, pour obliger l'ennemy à venir trouver voftre Epée & voftre corps, tant dedans pour les paffes de deffus, que deffus pour les paffes au dedans & au deffous. Ce tentement d'Epée, pour ceux qui ne l'entendent pas, eft qu'il faut battre deux fois l'Epée ennemie, de la voftre, en ligne directe, & auffi battre deux fois du pied, le bras étendu, en avançant un peu le corps, & en le retirant en même temps en arriére, laiffant tomber la pointe au deffous de la lame de voftre ennemy, pour l'attirer à vous. Il ne manquera pas de vouloir chercher voftre fer, qui n'eft plus dans la ligne où vous avez tenté l'Epée pour l'attirer & le faire marcher en avant; & dans ce temps vous devez éxécuter & donner aux découvertes que vous vous aurez fait faire par les mouvemens de voftre ennemy.

L'on doit remarquer dans ces Figures, que la force y eft toute entiére. Vous y voyez les reins élevez, d'où dépend une partie des forces. La cuiffe, la jambe & le pied gauche ne font pas couchez, comme j'ay vû des Figures dans des Livres précédens, dont la cuiffe, la jambe & le pied traînent jufqu'à terre, & font fi écartez qu'il eft impoffible qu'ils foient en état de pouffer aucun coup; puis qu'il eft aifé de juger qu'un corps a bien plus de force étant droit, qu'étant abaiffé jufqu'à terre, &

que cette fituation l'ôte même aux bras & au corps. Il faut toûjours conferver les forces dans les bras & dans les jambes, fans les faire perdre de cette maniére. Vous joindrez auffi le plus de viteffe de poignet que vous pourrez, dans le temps que vous pafferez; & tâcherez à tous vos coups de dégager en avançant la main devant que le pied foit levé, comme pour les coups de pied ferme. Que le genouil gauche, aprés l'avoir paffé, ne foit que fort peu ployé, & que le droit foit roide & tout étendu en ligne droite du bras droit, & non point couché le long de la cuiffe, comme plufieurs le font faire, qui eft le plus grand défaut que l'on puiffe jamais avoir. Dans les Chapitres précédens j'en ay dit les confequences.

L'autre action de cette Planche, eft une paffe de Tierce, qui eft qu'aprés avoir fait voftre tentement d'Epée au dedans des armes, & retirant le corps en arriére pour obliger voftre ennemy à chercher voftre Epée, ce fera dans le temps qu'il fe découvrira deffus les armes & qu'il voudra paffer, que vous pafferez de Tierce deffus les Armes, comme il eft marqué au pied gauche levé, & l'autre eft au pied droit levé. Enfin l'on peut paffer généralement tous les coups qui fe pouffent de pied ferme: mais il y a plus de précautions & plus à fe ménager, comme je l'ay dit; car il y a toûjours du rifque. Une paffe bien faite, en fon temps & avec jugement, eft un très bon coup: mais il faut connoître le hafard qu'il y a pour y bien réuffir, & les maniéres pour y attirer fon ennemy par ces tentemens d'Epée que j'ay expliquez dans toutes les paffes. Ce n'eft pas une régle qu'il faille toûjours faifir l'Epée; car l'on fe peut fort bien remettre en garde, de même qu'aux coups de pied ferme: L'on peut quelquefois être furpris par l'ennemy qui recule, & en ce cas il faut fe remettre en garde comme auparavant. Le jugement fera connoître toutes ces difficultez. Paffons maintenant à l'autre Planche.

## CHAPITRE XV.

*De la Passe de Seconde sous les Armes, & du Saississement d'Epée.*

LOrs que l'on est asseuré de l'Epée dessus les Armes, l'ennemy se découvrant dessous, en élevant le fort de son Epée, l'on peut avec vitesse avancer la main la première, le bras tout étendu, en jettant le gauche aussi tout étendu, tournant bien le poignet de Seconde, & le levant fort haut dans le temps que vostre ennemy veut lever son Epée, puis avancer le corps, comme vous voyez en cette Planche de la première action. Vous passerez le pied gauche devant le droit, le ployant un peu, à cause que le corps se doit baisser, & se soutenir sur la jambe gauche, qui est en avant, en ligne directe du genoüil à l'estomac, & la teste un peu plus avant, pour continuer la ligne le long du bras de vostre Epée; ce qui vous garantira de recevoir à la teste. Vous aurez toute vostre mesure de cette manière, & vous serez dans toutes vos forces. La jambe droite qui est derrière, est soutenue sur le fort du pied, la cuisse roide, continuant sa ligne jusqu'au sommet de la teste; ce qui fait toute la force. On peut aussi passer dessous les Armes d'autres manières. Par les tastemens d'Epée dessus les armes, pour faire découvrir dessous; & c'est dans ce temps qu'il faut passer. L'on peut aussi faire la feinte à la teste, & passer dessous, & tâcher toûjours que ce soit lors que l'ennemy avance le corps, comme vous voyez en cette Planche. Aprés avoir passé, on peut aussi se remettre en sa garde ordinaire, selon la situation de vostre ennemy, comme j'ay dit, pour faire vôtre retraite. Et de la manière que j'enseigne à passer, il sera fort aisé dans l'occasion de se remettre, ou bien de saisir l'Epée, ainsi qu'il est marqué en cette même Planche, & comme je vais vous en instruire.

Cela peut servir pour toutes les passes & autres coups de pied ferme; car l'ennemy s'allongeant, & vous ayant paré son coup, vous pouvez, en faisant un pas du pied gauche devant le droit, entrer fort bien en mesure, en cas qu'il retire dans ce temps le corps en arrière; ou s'il est trop prés de vous, vous pouvez lâcher le pied droit derrière le gauche. Le saississement d'Epée s'entend de la garde, & non de la lame; car beaucoup y ont été pris, qui ont eu les doigts coupez, n'ayant saisi que la lame. D'autres encore au lieu de saisir la garde, saisissent la lame. C'est à quoy vous devez prendre garde, car vostre ennemy pourroit changer de main, en prenant l'Epée par le milieu de la lame avec la main gauche, comme il est souvent arrivé, & vous en donner au corps. Vous croiriez avoir saisi une garde, & ce ne seroit que le bras. Ce qui est exprimé par ces deux autres Figures.

Ayant donc passé dessous, il faut revenir à l'Epée de vostre Ennemy, comme je l'ay dit, devant que de relever le corps. Ensuite il faut avancer le pied droit (qui est derrière) devant le gauche, puis étant proche de vostre ennemy, les deux forts l'un contre l'autre, vous releverez vostre Epée en forme d'estramaçon, & en quittant l'Epée de l'ennemy, vous luy saisirez en même temps sa garde, de vostre main gauche, & éleverez vôtre Epée en sorte qu'il n'y puisse toucher ny l'attrapper avec sa main gauche. Vous tournerez le corps en effaçant l'épaule droite, & portant le pied qui est devant, en arrière, de garde à droite que vous étes, vous vous trouverez à gauche. Que le bras droit qui a saisi la garde soit tout étendu devant vous, en cas que vostre ennemy voulût se jetter sur vous, vous l'arrêteriez.

Si

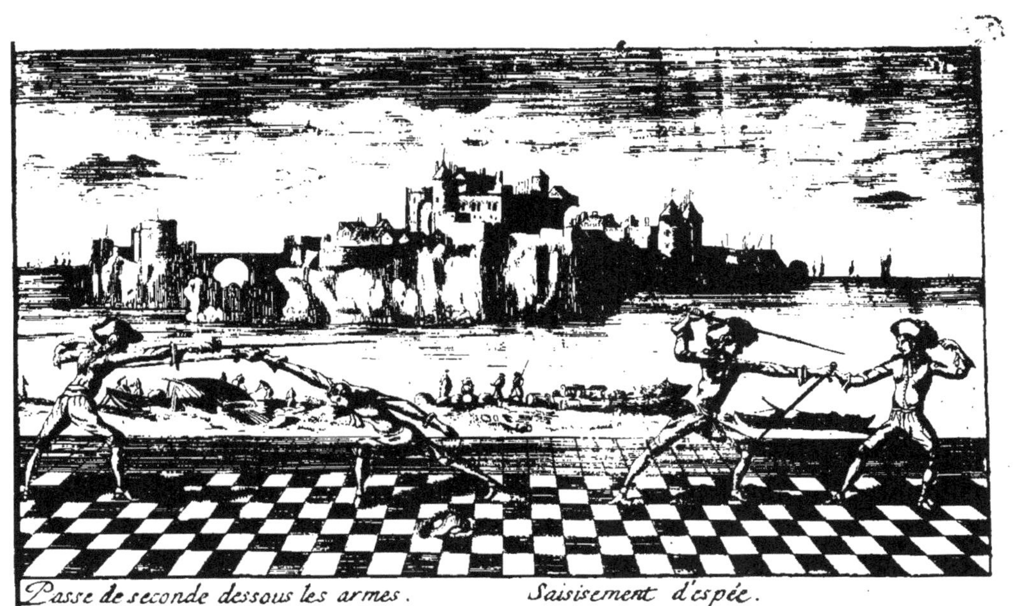

Passe de seconde dessous les armes.    Saisisement d'espée.

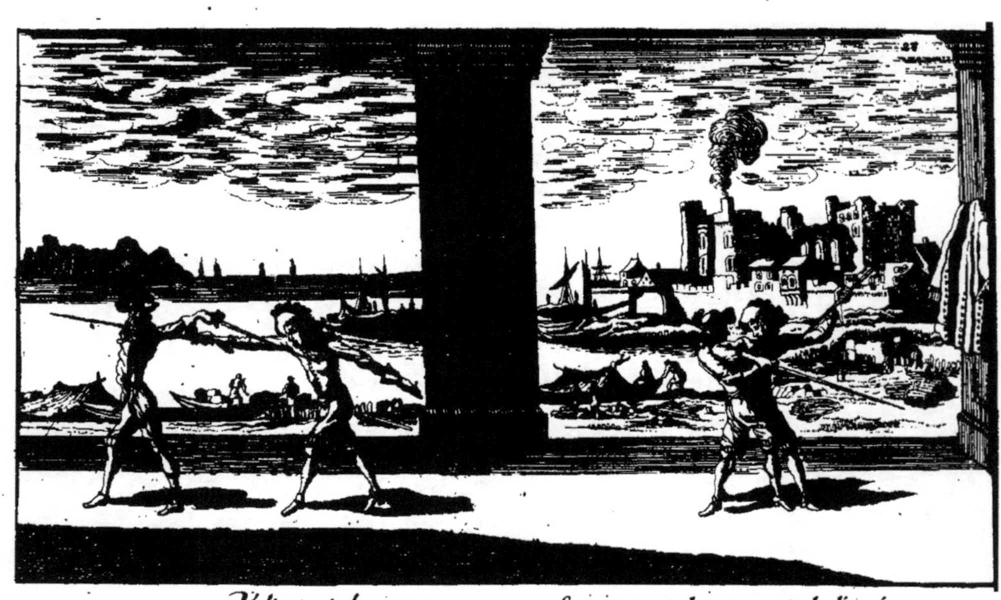



Voltement de corps.　　　　Saisisement de corps et de léspée.

Si la force vous venoit à manquer par la violence qu'il vous feroit, vous n'auriez qu'à lâcher un pied derriére, & même l'autre aprés, s'il en étoit befoin. Mais s'il vouloit retirer fon corps en arriére, pour vous attirer fur luy, vous pourriez marcher à luy un grand pas naturel, ou deux, s'il le falloit. Et par ces moyens l'on reuffit toûjours, l'on ménage fon terrain, & fouvent on remporte l'honneur du combat, dans une occafion pareille, fans qu'il arrive aucun accident de bleffure ou de mort. Si pourtant l'ennemy ne vouloit pas compofer, & qu'il fût fi opiniâtre que de vouloir toûjours fe jetter fur vous, je crois que l'on ne pourroit fe difpenfer à la fin d'en ufer par les voyes ordinaires, fuivant cet axiome naturel qui dit qu'*il vaut mieux tüer, que d'être tué.* Que la jambe & le pied de derriere foient fermes, étendus & non couchez: Que le genoüil de devant foit un peu ployé, & le pied bien droit, comme vous le voyez; de cette façon vous aurez la fermeté entiere du corps. Et non pas comme des Figures que j'ay vûës dans les Livres precedens, touchant le faififfement d'Epée. Ils font trop écarter & ployer le corps en arriere, le genoüil de devant fi étendu, qu'il feroit impoffible de tenir cette pofture, & de garder fes forces: Outre que le moindre coup de pied que l'on pourroit donner à ce pied dont le genoüil eft étendu, feroit tomber le corps à terre. C'eft ce que j'ay vû fouvent arriver dans les Salles. Cela

feroit trés-perilleux l'Epée à la main. Comme auffi de tenir l'Epée baffe, la pointe deffus l'eftomac. J'ay vû arriver un accident là deffus, qui fut de cette maniere. Un Gentilhomme ayant faifi la garde de fon ennemy, & luy tenant la pointe fur l'eftomac, l'ennemy approchant la main gauche, & ayant faifi l'Epée par la pointe avec un gros gand, il la rompit, & donna de cette pointe dans le corps de celuy qui l'avoit faifi, dont il mourut, & l'autre fauya ainfi fa vie. Cela arriva à Paris fur le Quay des Auguftins, il y a environ 12 ou 13 ans. C'eft à quoy il faut prendre garde. Il y en a qui ont écrit fur des manieres pour arracher l'Epée des mains de l'ennemy. Pour moy j'en écrirois de bien des fortes, que j'ay vû pratiquer dans les pays étrangers: Mais cela eft fi peu en ufage, que j'ay trouvé que la chofe n'en valoit pas la peine, & que ce ne feroit qu'embarraffer un Gentilhomme qui voudroit s'y appliquer. Ce n'eft aucunement ma methode, quoyque je ne blâme ny ne deffende de le faire, fi l'on peut y réüffir, comme d'ôter ou faire tomber l'Epée des mains de fon ennemy. Mais le faififfement eft plus certain, parce que pour arracher une Epée des mains, ce ne fera quelquefois que par la force & la violence. Si l'un y réüffit, l'autre court un grand rifque: Et cela n'eft pas felon les régles de l'Art.

# CHAPITRE XVI.

### Du Voltement de corps, & du coup achevé.

PLufieurs fe fervent de ce coup, de volter du corps, & peu s'en fçavent fervir, & croyent fçavoir beaucoup, lorfque fur les moindres mouvemens de leur ennemy, & à toutes les eftocades qu'il leur pouffe, ils ne manquent pas à volter; ce qui leur caufe fouvent des coups dans le dos: Et s'ils y réüffiffent une fois, ce fera par hazard. Pour le pratiquer avec plus de facilité, & moins de rifque, quand vous aurez à faire à un homme qui aura la garde ordi-


naire,

naire , vous viendrez pour luy engager son Epée au dedans
des armes.  Se voyant engagé, il ne manquera pas de vouloir dégager dessus les armes.  Vous mettrez vôtre corps en
butte , cela veut dire , en presentant le corps tout découvert
en avant : Et comme il dégagera dans ce temps, vous retirez
le corps en arriere, sans démarer les pieds.  Vôtre ennemy
vous voyant loin de luy , ne manquera pas de vouloir achever son coup , & passera de Tierce dessus les armes.  C'est
dans ce temps qu'il passe , que vous volterez du corps, comme vous le voyez marqué en la premiere action de cette
Planche , & que je vais vous expliquer.  Cette maniere de
volter sera dans le temps que vôtre ennemy passe.  Vous
dégagerez au dedans des armes , tournant bien la main de
Quarte , & l'elevant jusqu'a la hauteur de la tête de vôtre
ennemy , au dessus de son bras, & voltant le plus promptement que vous pourrez ; de face que vous étiez , vous devez
vous trouver montrant le dos à vôtre ennemy , & vos pieds
comme si vous étiez en garde à gauche , en passant le pied
gauche derriere le droit : Mais que ce ne soit pas comme
aux passes, où on le doit passer par devant ; car à cette action,
ce doit être par derriere.  Ce n'est pas assez que d'avoir volté
& donné le coup , il ne faut pas demeurer en cet état ; mais

sans s'arrêter , il faut faire revenir le pied droit en avant , &
joindre son ennemy , en sorte que ce pied droit se trouve derriere ceux de l'ennemy , en tenant toûjours le gauche devant ,
& luy appuyant le bras droit sur son estomac , vous porterez la
main de ce même bras appuyé , sur la garde de l'ennemy.
Dans ce même temps que vous saisissez sa garde de la main
droite, il faut changer vôtre Epée de main , & la prendre
de la gauche , par le milieu de la lame , pour menacer vôtre
ennemy de sa vie , en luy présentant la pointe , comme il est
marqué dans cette Planche, du saisissement de corps & d'E-
pée.  Ce qui se peut faire en bien des rencontres, principa-
palement lorsque l'on joint l'ennemy , ou qu'il se jette sur
vous.  On peut aussi volter sur les passes de Tierce dessus les
Armes, tout d'un tems :  Mais sur les autres coups , comme de Quarte & tous les dedans des Armes , cela est trés-
périlleux.  Ce qui se peut fort bien hazarder dans une Salle :  Mais je ne le conseille pas l'Epée à la main.  Pour le
saisissement, il sera toûjours trés-bon, comme j'ay dit , en
toutes sortes de rencontres, même aprés les parades & les
risposltes.  La maniére que j'ay enseignée, ôte toutes les forces à l'ennemy , & l'on peut aisément le renverser à terre :
ce que vous pouvez expérimenter.

## C H A P I T R E   XVII.

*Des Parades en forme de cercle ; & des maniéres de Garde & coups à l'Espagnole.*

IL me reste à vous faire voir ce qui est contenu dans cette
derniére Planche.  Elle est composée de trois Figures en
haut, & deux en bas, que je vais vous expliquer.  Je
commencerai par les trois premiéres Figures, qui sont des parades en forme de cercle, trés-bonnes & utiles pour servir à

toutes sortes de coups, & dans toutes sortes d'occasions.  J'en
ay marqué de trois sortes, qui néantmoins reviennent toutes
à la même , à la reserve de l'opposition de main gauche, que
la premiére & la derniére représentent.  L'autre fait la même figure, sans opposer la main gauche , & ne laisse pas de
                                                    parer

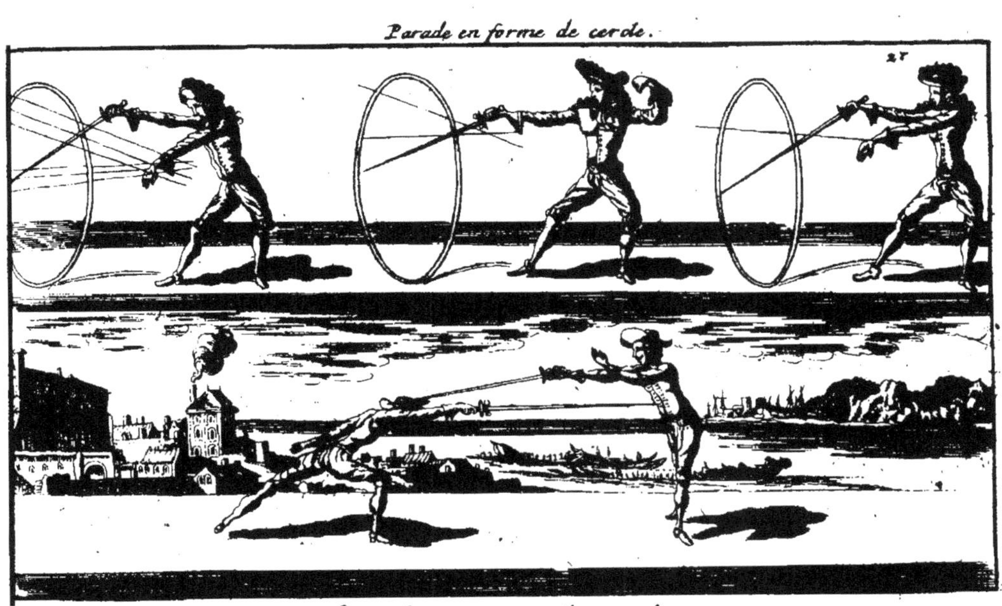



Coup des tramasson a l'espagnol

parer de même, fans oppofition. J'en diray les raifons.

La premiére Figure, comme vous voyez, a plufieurs lignes qui luy tombent fur fon Epée, & de fon Epée à fon bras gauche. Toutes ces lignes font autant de coups pouffez, tant du haut en bas, que du bas en haut, de droite ligne & ligne traverfante. Elle ne laiffe pas que de les parer par le moyen de fon cercle qu'elle fait, & de fa main gauche qu'elle oppofe. Pour bien faire ce cercle, il fera néceffaire d'étre en fa garde ordinaire, & que dans le temps que l'on vous viendra pouffer, quelques bottes que ce puiffe étre, foit de Prime, de Seconde, de Tierce, de Quarte ou de Quinte, qui font autant de lignes, hautes, droites & baffes, même toutes fortes de feintes, vous commencerez par un mouvement de poignet, en forme de cercle, en le tournant en dehors, il fe trouvera les ongles en haut, qui eft de Quarte; vous ferez auffi baiffer la pointe de voftre Epée, & leverez le poignet, fans pourtant bouger le bras de fon centre, & rencontrerez par ce moyen les coups qui vous viendroient au corps, avec l'Epée & la main gauche oppofée. Si par hazard vous ne rencontrez point l'Epée Ennemie, vous recommencerez le cercle, en relevant voftre Epée, & en même tems la rabaifferez, & reviendrez dans la même fituation que vous voyez dans cette premiére Figure, & comme vous étiez auparavant. Ainfi vous ne manquerez pas de rencontrer toutes les lignes des coups qui pourroient vous étre pouffez, depuis la tefte jufqu'au bas du corps, ce cercle étant bien fait, & cette main gauche bien oppofée & avec jugement. Je fais oppofer la main gauche plus bas qu'aux autres Figures, d'autant qu'il y a plus de lignes ou de coups à parer, qui font des lignes traverfantes, & qui font divers angles. La force de l'Epée en parant, les a renvoyez au bras gauche, quoy qu'il ne quitte point l'Epée de fon ennemy; même je dis davantage, que ce cercle étant bien fait, cette main gauche bien op-

pofée, un homme peut affeurément parer quatre ou cinq coups pouffez de même temps, comme vous les voyez, pourvû que ce ne foit pas par derriére. On peut me demander d'où vient, fi c'eft une ligne droite, ou eftocade de Quarte au dedans des Armes, que je ne pare pas tout droit du fort de mon Epée, comme dans les autres coups cy-devant, fans faire ce cercle. Je répons que fi l'on étoit affeuré que ce fûc un veritable coup tiré de droite ligne, fans feinte, on pourroit y parer en oppofant la main gauche, comme je l'ay fait voir dans mes autres Planches. Mais l'on peut étre trompé par des feintes, ou par des demy coups, & étant furpris, cette parade de cercle enveloppera tous ces coups qui pourroient vous étre pouffez, & même fera perdre tous les deffeins de voftre ennemy. On peut auffi parer, comme vous voyez en la deuxiéme Figure : mais on coureroit plus de rifque, à caufe de ces lignes angulaires; même aprés avoir paré, on ne pourroit pas bien rifpofter fans danger, car tenant l'Epée ennemie engagée de la main gauche, aprés que l'Epée a fait fon effet, il eft aifé de donner le coup, d'autant que l'ennemy n'a plus d'Epée devant luy. Dans cette deuxiéme Figure, le corps eft bien éfacé, la main gauche derriére l'oreille, les jambes bien fituées, le bras droit tout étendu : Ce fera pour ceux qui n'ont pas de coûtume d'oppofer la main gauche, ne laiffant pas que de bien parer de cette maniére; mais non pas, comme j'ay dit, avec tant de feureté. Je vous mets cette troifiéme en pofture, pour vous faire remarquer que l'on peut auffi fort bien parer un coup tout droit de Quarte, par le moyen de ce cercle : & la main gauche oppofée n'eft pas fi baffe qu'à la première, d'autant que je fuppofe qu'il n'y a point de ces coups traverfans, comme de Seconde & autres, que j'ay expliquez; quoy que je ne dife pas que ce foit une chofe générale, revenant toûjours à mes principes, qui font de parer de Quarte & de Tierce, comme j'ay enfeigné au

 Cha-

Chapitre des Parades. Pour de Seconde, cette derniére parade est trés-bonne, & pour tous les autres coups, desquels on sera surpris; & c'est en pareille occasion la meilleure de toutes les parades.

Les deux autres Figures d'embas représentent ce que les Espagnols ont le plus en pratique dans les combats, savoir les coups d'estramaçon, aprés qu'on leur a poussé. Je ne laisseray pas que de parler d'autres coups qu'ils font aussi souvent, comme je l'ay remarqué lors que j'ay fait avec eux. Aprés avoir expliqué celuy de l'estramaçon, je parleray des autres les plus usitez. Il faudroit un trop grand nombre de Planches pour les représenter tous. La premiére Figure des deux que vous voyez, est un coup poussé de Seconde dessous les Armes, comme vous avez vû expliqué au Chapitre V. pour sa situation. La deuxiéme est ce coup Espagnol. Il n'a point d'autre parade que celle du corps, dans le temps qu'on luy pousse. Il retire le pied droit à côté du gauche, & aussi le corps en cavant fort la hanche, avançant les bras & les épaules, afin d'atteindre plus loin du coup d'estramaçon: car pour parer, il leur seroit impossible, d'autant qu'ils tiennent fort mal leur Epée, savoir en passant deux doigts en forme de crochet au travers de leur garde, faite exprés avec deux anneaux, & les trois autres doigts à la poignée; ce qui fait qu'ils ont plus de liberté pour leurs coups d'estramaçon. Mais leurs estocades n'ont jamais de forces qu'alors qu'on s'abandonne sur eux, ce qui fait toute leur mesure, & ne perdent point de temps, car aussi-tôt que vous leur avez allongé, ils se retirent, comme j'ay dit, & viennent vous décharger sur la teste deux ou trois coups d'estramaçon, avec grande vitesse. Lors qu'ils ne retirent pas le corps assez subtilement, ils reçoivent aussi le coup de Seconde au corps: Mais ils n'estiment pas ces coups d'estocades, & se croyent plus seurs du coup d'estramaçon, où ils fondent toute leur

adresse, & aussi de tirer aux yeux; ce sont là leurs plus beaux coups. Il sera donc à propos, pour se garantir du coup d'estramaçon, de ne pas s'abandonner tout d'un coup, ou du moins, lors qu'on leur donne de vitesse, il ne faut pas demeurer au bout du coup: mais plûtôt joindre aussi-tôt le corps, & saisir l'Epée, comme je l'ay marqué cy-devant, qui est qu'aprés avoir poussé son coup, l'on joint le corps en passant le pied gauche, & ensuite l'on se saisit de l'Epée. L'on peut aussi l'obliger par des demy-estocades à retirer son corps en arriére; & dans le temps qu'il donne son coup d'estramaçon sur la teste, vous leverez vostre Epée fort haut au dessus de la teste, en ligne traversante, & comme il est marqué en la deuxiéme Figure de la premiére Planche, & parerez ainsi ce coup d'estramaçon. Vous songerez même à en parer deux, en cas qu'il vienne à les donner. Ensuite vous ne manquerez pas de luy donner la risposte de Seconde, en dégageant dessous les Armes; & aprés vous reviendrez au plus vite à son Epée, pour vous en asseurer: Vous joindrez aussi-tôt le corps, & saisirez l'Epée, ainsi que je l'ay enseigné. Ils se mettent aussi en garde tout droit sur les jambes, & selon nos mouvemens, ils tournent sur le fort des pieds, sans sortir d'un même endroit, l'Epée toûjours devant eux, & leur pointe vis à vis de la teste de leur ennemy. Si vous leur poussez tout droit une grande botte de Quarte, sans parer ils retirent seulement le pied droit à côté du gauche, & font une grande cavation de corps; & par ce moyen ôtent la mesure du coup qui leur porteroit au corps: Ils tendent seulement le bras droit, & avancent leur Epée pour tirer droit à l'œil. Ils prétendent que ce soit un beau coup, & disent que les corps au corps ne sont pas des coups d'adresse, à l'égal de ceux qui portent aux yeux. Ils peuvent asseurément y réussir: mais pour les en empêcher, il est à propos de les faire tirer les premiers, comme j'ay

déja

déja dit, par des demy-coups, qu'ils croiront étre des coups achevez, en les repréfentant comme il faut. Ils ne manqueront pas dans ce temps de retirer le corps en arriére, & tendront leur Epée en avant : mais ne vous étant pas tout à fait allongé, il n'y aura aucun rifque pour vous. Il faudra faire dans ce temps un battement fec, & tirer tout droit de Quarte, le long de leur Epée, du fort au foible, & baiferez un peu voftre pointe : Vous oppoferez voftre main gauche, & auffi-tôt joindrez & faifirez la garde. Souvent ils contre-dégagent, & tirent pour fe garantir. Il faudra que vous dégagiez, à deffein de les faire contre-dégager, & lors qu'ils contre-dégageront, vous parerez & poufferez en même tems, en oppofant le bras gauche ; puis ferez voftre retraite, ou joindrez le corps de l'ennemy, & faifirez fon Epée, felon fa fituation & fes mouvemens.

J'aurois bien écrit contre & pour les gauchers, mais ce feroit une chofe inutile ; car fi vous avez affaire à un gaucher, tous les coups que j'ay mis dans ce Livre, luy peuvent fervir, comme à un droitier, en faifant le contraire. Par éxemple où l'on doit pouffer de Quarte, il pouffera de Tierce, ainfi des autres coups de même. A l'égard des gauchers contre gauchers, il n'y a qu'à tourner les Planches de l'autre côté, l'on y trouvera ce que l'on fouhaitre, & ce qui fera néceffaire & aifé à comprendre pour s'en fervir.

ORDRE

# ORDRE METHODIQUE

Pour ceux qui veulent bien enseigner l'Exercice des Armes ;  en faveur de toute la
Nobleffe, & fur tout des Gentilshommes que l'on nomme Cadets.

Lufieurs perfonnes de qualité à qui j'ay eu l'honneur de montrer, m'ayant follicité de joindre à mon Livre un Difcours touchant la Méthode que j'ay obfervée pour les enfeigner , je me fuis réfolu de les fatisfaire, d'autant plus volontiers que j'ay crû que cet ouvrage feroit utile à beaucoup de gens.  Les Maitres qui feront de bonne foy , tomberont d'accord que l'on ne peut jamais arriver à la perfeftion des Armes, fans obferver cette Méthode.  Je la croy particu-liérement néceffaire aux Maitres que l'on a choifis pour enfeigner à ces Compagnies de Gentilshommes, que le Roy a établies en plufieurs de fes Citadelles :  Autrement, s'il en fort quelqu'un qui réuffiffe dans cet Exercice, il devra plûtôt fon adreffe à fa difpofition naturelle , qu'à toutes les peines de fon Maître. Et fi peu que l'on ait de connoiffance , il fera aifé de pra-tiquer les leçons que je vais mettre par ordre.

Peu de gens ignorent la haute reputation que le Sieur Renard s'eft acquife dans cette noble profeffion , qu'il a exercée à Paris l'efpace de 60 ans.  C'eft lui qui a fait pref-que tous les Maîtres qui ont été eftimez ; & c'eft auffi de lui que j'ay receu ces connoiffances.  Il me les a commu-niquées fans referve , tant par une amitié particuliere, que par ce que je fuis fon parent.  Il s'eft fait un plaifir de me donner ces belles teintures dés mes premieres années.  De-puis il a continué de me faire part de tout ce qui l'avoit élevé au deffus de ceux de fa profeffion.  Enfuite ne voulant pas faire comme plufieurs qui fe bornent d'eux-mêmes & fe con-tentent d'être arrivez à un certain point, j'ay fuivy ma cu-riofité naturelle , & j'ay paffé chez les Etrangers, pour voir fi je pourrois découvrir chez eux quelque chofe qui me fût caché , & qui fût utile à mon Exercice.  J'ay eu plufieurs conferences avec eux , nous nous fommes donné des leçons mutuelles ; & j'ay fouvent écoûté avec attention les raifons qu'ils alleguoient pour deffendre leurs principes.  Je declare encore aujourd'huy , que lors que je pourray découvrir un Maître qui aura quelque connoiffance particuliere dans mon exercice, je me feray toûjours un grand plaifir d'en profiter, & n'approuveray jamais la préfomption de ceux à qui j'entens dire journellement, qu'ils en fçavent affez pour le befoin qu'ils en ont.

Il n'eft pas neceffaire qu'un Maître trouve toûjours un corps
bien

bien difposé, pour en faire un homme adroit ; ce n'eft pas une grande affaire d'achever ce que la nature a fi bien commencé : Mais où eft la fcience du Maître, c'eft de favoir corriger les défauts de la nature, & d'avoir le fecret de donner une nouvelle forme à un corps mal adroit. Au contraire de ceux qui ne favent que gâter les bonnes difpofitions, & qui par leurs faux principes, font fouvent d'un homme qui étoit naturéllement bien difpofé, ce qui s'appelle un véritable mal adroit. Je foûtiens donc que par le moyen de ces principes, & par l'affiduité & le temps qu'il faut pour l'exercice, on viendra à bout du corps le plus groffier & le plus mal adroit.

Un véritable Maître d'Armes doit fur tout obferver fix chofes, dont la premiére eft de voir comment doit être fon Fleuret, & celuy de l'Ecollier, que l'on appelle Fleuret de leçon. Celuy du Maître doit être leger, à caufe du long temps qu'il eft obligé de le tenir dans fa main, & afin qu'il puiffe plus facilement, dans fes leçons, le tenir devant lui : Ce qu'il ne pourroit pas toûjours faire, fi fon bras étoit fatigué par la pefanteur de fon Fleuret. Il ne doit pas être fi long que ceux qui fervent aux affauts, pour mieux faire connoitre à fon Ecollier le fort & le foible. Il doit être plus long que celui de leçon, pour lui faire concevoir ce que c'eft que la mefure, par ce qu'il pourra l'empêcher d'y trop entrer, lors qu'il étendra le bras. Le Fleuret de leçon doit être fans garde ny croix, pour deux raifons : La premiere eft que quand l'Ecollier allonge fur le plaftron, fa main trouve cette garde ou croix, qui lui refifte & lui fait ouvrir les doigts ; ce qui lui ôte l'habitude de tenir fon Epée ferme. Au contraire en pouffant avec un Fleuret fans garde & fans croix, la main ayant été plufieurs fois obligée de couler jufques fur la lame,

par la réfiftance qu'elle a trouvée au plaftron, ou s'en corrige bien tôt en ferrant mieux la poignée.

La feconde raifon eft que que quand le Maître pouffera à fon Ecolier, pour luy aprendre à parer, l'Ecolier n'ayant point de garde à fon Fleuret, fera obligé de bien parer, qui eft du fort de fon Epée devant luy, parce que s'il pare feulement de la pointe ( ce qui eft une méchante parade ) le Fleuret du Maître qui luy pouffe, tombera fur fes doigts, & luy fera du mal ; ce qui l'obligera une autre fois de bien parer, tant dedans, deffus que deffous les Armes : C'eft ce qu'il negligeroit, s'il avoit une garde pour le garantir. Il faut pour bien tenir fon Fleuret, que le poûce foit fur le corps de la garde, tout étendu, & les autres doigts enfuite couchez en long jufqu'au pommeau, & fur tout ferrer bien le petit doigt, qui eft celuy qui doit tenir plus ferme.

La feconde chofe que le Maître doit obferver, eft de faire d'abord pratiquer à fon Ecollier tous les divers mouvemens dont j'ay parlé ; * & de les lui faire repeter du moins pendant les premiers quinze jours, pour lui donner une forte teinture de ces principes, & cette liberté qui eft fi neceffaire à la perfection des Armes. Il lui fera faire auffi quelques levées d'armes, dont j'ay fimplement parlé au commencement de ce Livre : Mais que je vais icy vous expliquer.  *Chap. 2. & 3.

La premiere levée d'armes eft qu'aprés avoir placé l'Ecollier dans un état naturel, on lui fera approcher la jambe droite de la gauche, le talon droit touchant au commencement du fort du pied gauche ; ce qui reprefentera une demy croix. Voilà la fituation des pieds. Les jambes, les cuiffes, le corps & la tête feront tout droits, les bras abaiffez le long des cuiffes. Dans cette pofture on lui fera lever les deux bras tout étendus par deffus la

E                    tête,

tête, & s'élever le corps tout droit sur le fort des pieds. On lui fera tourner les poignets en dedans, & baisser les bras jusqu'à la hanche ; mettre le droit, en se reposant, sur son Epée, la pointe au bout du pied, & l'autre bras au côté, puis aussi tôt relever son Epée, & la passer par dessus la tête en forme d'estramaçon ; ensuite se mettre l'Epée devant lui, demy-tierce, & lâcher le pied gauche en arriere, dans la même ligne du droit, ployer aussi la jambe gauche, & roidir la droite, le corps bien éfacé, en tournant fort la partie gauche, levant le bras, le coude & la main derriere l'oreille : Et ce sera la garde qu'il doit tenir. Il faut faire réiterer plusieurs fois tous ces mouvemens.

L'autre levée d'armes est qu'étant tourné de face vis à-vis du Maître, les deux pieds joints ensemble, talon contre talon, les pointes en dehors, les jambes & les cuisses aussi, & le reste du corps bien droit, on lui fera mettre les deux bras le long des cuisses, puis les relever avec vitesse, en tournant les poignets de Quarte, à côté du corps, le plus haut qu'il pourra ; puis aussi tôt les tourner en dedans, & les baisser pour se reposer sur son Epée, à côté de la pointe du pied droit, & un bras sur la hanche : En même temps relever ses deux bras tout étendus, & joindre ses deux poignets ensemble devant lui, à la hauteur de la cravatte, les tournant de Quarte, puis aussi-tôt les separer, en les tournant de Tierce ; ensuite les laisser tomber de Quinte, à côté du corps ; puis relever ses deux bras, & faire un grand cerle par dessus la tête, avec son Fleuret : Aprés se remettre en sa garde, tourner au plus vite la partie gauche, & lâcher aussi le pied gauche en arriere, & la main gauche à l'oreille. Ce sera encore sa garde ordinaire.

La troisiéme chose qu'un Maitre doit observer, ce sera de prendre garde, en donnant ses leçons, de ne point avancer le corps, ny d'aller au devant du coup, lors que l'Ecollier vient à pousser sa botte, comme plusieurs font tous les jours. Ce qui est un des plus grands defauts qu'un Maitre puisse avoir, & ce à quoy la plupart ne font aucune réflexion. Comme aussi de prendre le Fleuret de son Ecollier avec la main gauche, pour se l'attirer au plastron, & vont même le chercher devant que l'Ecollier ait poussé, pour se l'ajuster au corps. Cela est si contraire à l'Exercice, qu'il ne faut que la raison pour faire connoître ce defaut, & sans savoir l'Exercice on en pourra juger. N'est il pas mieux qu'un Ecollier vienne trouver le corps du Maître, que le Maître le coup de l'Ecollier ? Il faut faire ajuster l'Ecollier de lui même au plastron, le Maître éloignant son corps en arriere, dans le temps que l'Ecollier lui porte le coup. Par cette methode l'on apprendra à faire soûtenir son Ecollier de lui-même : Il sera toûjours bien plus ferme, & connoîtra mieux la mesure. Il aura plus de peine dans les commencemens, mais dans la suite ce lui sera un plaisir d'ajuster sans aucun secours. Le Maître ne doit il pas avoir son Fleuret pour conduire le coup de son Ecollier, en éloignant son corps, sans aller chercher le coup pour se le porter luy même ? Et dans l'occasion trouvera t on un homme qui prenne la pointe de vôtre Epée, pour se la porter au corps ? Si l'Ecollier a cette habitude, il est certain qu'il n'aura aucune justesse ; au lieu d'aller au corps, son coup ira plûtôt à terre, jusqu'à le faire tomber. Ce qui est souvent arrivé en mes mains, ayant eu quelques Ecolliers qui avoient appris ailleurs. Lors que je voulois leur enseigner ma methode, à chaque coup ils tomboient le nez en terre, par ce qu'ils ne rencontroient aucun appuy, ny main gauche, ny corps en avant, pour les soûtenir : Mais avec le temps & cette methode, je les trouvois bien tôt tout changez.

La

* La quatriéme chofe qu'un Maiftre doit favoir, c'eft de connoître les bottes de Prime, de Seconde, de Tierce, de Quarte & de Quinte ; de les favoir faire poufler & parer, & de les appliquer aux endroits où il faut s'en fervir. Peu connoiflent ce que c'eft que Prime & Quinte.

La cinquiéme chofe neceflaire au Maiftre, c'eft de favoir toutes les fortes de parades & rifpoftes. Je les ay auffi expliquées : Mais il obfervera une chofe fur laquelle plufieurs ne font aucune reflexion, qui eft fur la maniere de faire parer fon Ecollier. Ce que chacun pourra remarquer en leur voyant donner leçon. Lors qu'ils doivent poufler à leur Ecollier, pour le faire parer, ils fe contentent de dire, parez, en prefentant feulement leur Fleuret au devant de celuy de l'Ecollier, & touchent fimplement fa lame, fans poufler ny démarer le pied droit. L'Ecollier n'a garde d'apprendre à parer, puifque l'on ne luy poufle pas ; & de cette maniere il neglige fa parade, qui eft la chofe la plus neceflaire pour l'occafion. Au contraire, quand on fait parer un Ecollier, il faut lui poufler le coup felon la force que l'on lui trouvera, & jufqu'au corps. De cette maniere il fera obligé d'aller ferme au devant du coup, & d'y employer toute fa force. Je ne dis pas que dans les commencemens, il ne faille menager l'Ecollier : Mais enfuite on viendra peu à peu à lui poufler ferme, même jufqu'à deux coups de fuite, pour aprés luy faire donner la rifpofte. Ce qui l'affermira fur fes jambes, & le fortifiera beaucoup ; & ainfi il contractera une trésbonne habitude. Il faut auffi, en donnant leçon, témoigner à l'Ecollier une refolution de même que fi c'étoit tout de bon qu'il eût à faire à fon ennemy ; car cet Exercice n'eft pas un jeu, puifque c'eft pour la deffenfe de fa vie, & pour luy donner l'adreffe de fe délivrer des occafions perilleufes.

Enfin, la fixiéme chofe qu'un Maiftre obfervera, c'eft qu'en donnant leçon, il ne doit pas fe donner de ces airs affectez, comme de fe quarrer & fe regarder fouvent. Il y a des Maiftres qui ne s'attachent qu'à vouloir plaire aux yeux des fpectateurs. Ils tâchent à fe mettre en garde de bonne grace, & n'ont foin que d'eux-mêmes, pour acquerir la reputation d'avoir les armes belles a la main. Cependant ils ne fongent point aux défauts de l'Ecollier, dont ils doivent à tous momens imiter les méchantes poftures, afin de l'en corriger. C'eft à quoy l'on ne penfe point, quand on ne fonge qu'à foy-même. Il faut donc que le Maiftre contre-faffe inceflamment la méchante maniere de fon Ecollier, & même la chargé avec outrance, pour lui en infpirer une plus grande averfion : Et enfuite faffe un bon mouvement felon les régles. Vous lui donnerez plus d'envie de retenir ce qui eft bon, par la connoiflance que vous lui aurez faite avoir de ce qui eft mauvais. Il faut même lui reprefenter les defauts de quelques particuliers de fa connoiflance, & les lui faire remarquer. Ce qu'il ne peut jamais faire, s'il veut toûjours être comme un Maiftre en peinture, & s'il prefere le plaifir d'être agreable, à l'avancement de fon Ecollier. J'avoûe que l'on dira de lui, qu'il a les armes belles à la main ce que je n'eftime pas peu : Mais nôtre veritable fience ne dépend pas de là, elle confifte bien plûtôt dans la connoiflance des differentes gardes que l'on a à combattre, & dans les moyens d'infpirer à un Gentilhomme l'adreffe & la vivacité qui lui font neceflaires.

Aprés avoir fait faire ces divers mouvemens à l'Ecollier, aprés l'avoir bien affermy fur les jambes, par les principes que j'ay établis, & lui avoir donné la liberté, par le dénoüement de fon corps, il faudra qu'il commence à s'allonger, comme je l'ay enfeigné, * pour être dans *Chap. 2. & 3.

E 2                                   une

ture bonne situation, durant une quinzaine de jours. On luy aprendra donc à pousser ces trois premieres bottes, Tierce, Quarte & Seconde : Ensuite les trois Parades de ces trois coups : *Aprés il commencera ses dégagemens, à se remettre & à faire sa retraite. Il faut aussi qu'il commence à faire quelques petites feintes tout droit, tant dedans, dehors, que dessous les armes, en cet état il fera capable d'entreprendre trois Jeux principaux, que je vais mettre par ordre, fondez sur les trois principales actions de l'Exercice, qui sont *demeurer*, *avancer* & *reculer*. Un Maistre qui les observera, & qui les fera faite regulierement à son Ecollier, pourra le fortifier au plus haut degré, & même le rendra capable d'etre Maistre. Pourvû qu'il ne se neglige pas, en donnant ses leçons, & que son Ecollier y prenne de la peine, il sera impossible

*Chap. IV. V. VII. & VIII.*

qu'ils n'y réussissent tous deux ; car la negligence du Maitre dégoûte l'Ecollier, & fait qu'il ne profite jamais. Au contraire, y prenant toute la peine & le soin qu'il faut, il fera aimer son Exercice, & l'aimera aussi d'avantage. Par ce moyen plus de gens sçauront se deffendre, & l'on ne verra pas tant de mal adroits, qui dés la premiere fois qu'ils mettent l'Epée à la main, font des coups fourrez, se tüent, ou se blessent tous deux, ne sçachans ny parer, ny même saisir une Epée. Mais s'ils ont acquis l'adresse, ils conserveront leur vie & leur honneur, en toutes rencontres ; & ils auront plus de jugement & de retenuë, connoissant mieux le peril. Les Maistres ayans égard à toutes ces circonstances, je suis sur que l'Exercice en deviendra plus florissant, & les Gentilshommes & les Maistres plus contens.

# PREMIER JEU.

CE premier Jeu icy sera contre deux qui demeurent, cela veut dire que vous ferez comprendre à vostre Ecolier, que lorsqu'il aura affaire à un homme qui demeure en une place, qui n'avance ny ne recule, il faudra l'attaquer par des coups de pied ferme : Et lors que l'ennemy l'attaquera, il s'en défendra par les parades, & ensuite les rispostes, comme je vais vous en instruire.

Je n'expliqueray plus tous les premiers mouvemens, les principes, les marches & démarches, les retraites, les grands pas pour marcher en avant, ny les petits pas pour serrer la mesure, ny les situations pour la garde, ny les manières de parer & de pousser, tant dedans, dessus, que

*Chap. II. III. & IV.*

dessous, en ayant parlé suffisamment dans le corps du Livre.

Le premier coup de ce Jeu, sera que vostre Ecolier étant en sa mesure, vous luy ferez d'abord pousser une grande botte de Quarte tout droit au dedans des Armes, puis se remettre en garde, retirant le corps en arriére sur la jambe gauche, l'Epée demy-tierce, le long de la vôtre, sans la quitter. Vous luy ferez encore pousser une autre botte de Quarte, puis la retraitte, l'Epée bien devant luy, & le bras droit tout étendu, à cause qu'en vous retirant vostre corps est encore dans la mesure. Vous le ferez revenir à la mesure ordinaire, toujours son Epée demy-tierce ; vous vous découvrirez dessus les Armes, & luy

*Ch. IV.*

luy ferez mettre fon Epée du même côté, fans pourtant toucher la voltre : Vous luy ferez poulfer tout droit une grande botte de Tierce, puis fe remettre, pour après en poulfer encore une autre de même, puis fa retraite, le bras étendu, & fon Epée devant luy. Enfuite il reviendra en mefure, élevant fon Epée de Tierce, plus haut que fa garde ordinaire, pour luy donner plus de liberté pour poulfer fon coup, qui fera en deux temps, tournant la main de Quarte, fans s'arrêter, & ira jufqu'au corps, en battant deux fois du pied droit, fans pourtant le lever fi haut; puis fe remettra, fon Epée de Tierce, pour reprendre tout d'un temps tout droit de Quarte, puis fa retraite, & reviendra en mefure; il pofera fon Epée fur la voltre, au dedans des Armes, & y pefera pour vous obliger à dégager : Vous dégagerez, & vous vous ouvrirez deffus les Armes, & ferez prendre le temps tout droit de Tierce; il fe remettra, & dans ce temps vous dégagerez, & vous vous ouvrirez au dedans des Armes : Il tirera encore fur le dégagement, tout droit de Quarte, puis fera fa retraite. Il reviendra en mefure, & engagera encore l'Epée au dedans des Armes, pour vous obliger à dégager : Vous dégagerez, & viendrez pour engager fon Epée, de l'autre côté. Dans ce temps il faut prendre garde que voltre Ecolier ne fe la laiffe engager par la voltre : mais bien plutôt, dans le temps que vous la voudrez trouver, faites-le contredégager & poulfer fon coup jufqu'au corps, de Quarte au dedans des Armes, & luy dites qu'il prenne garde que vous ne la touchiez; & vous tâcherez à la toucher, pour luy apprendre la viteffe pour le contredégagement, & luy ferez comprendre que toutes les fois que vous la toucherez, le coup ne vaudra rien. Cela luy paroitra difficile, mais avec le temps il y viendra. Cela eft auffi de conféquence pour tous les autres coups ; car lors qu'il fera quelque feinte ou autre femblant de poulfer, pour vous obliger d'aller à la parade, & lors que vous irez à cette parade, fi vous touchiez à fon Epée, fon coup fera imparfait : Au contraire, il faut le faire dégager dans le moment que vous faites le premier mouvement, pour aller chercher fon fer. Vous luy ferez faire plufieurs fois ces contredégagemens ; & à la dernière fois vous paferez du fort au dedans des Armes, & luy ferez après faire le coup à cette parade, pour parer & rifpofter. Après voltre retraite, vous reviendrez en mefure, & luy ferez faire encore ce même contredégagement : Vous paferez de la pointe, & luy ferez remarquer ; & l'ayant remarqué, vous luy ferez faire le coup pour cette parade : A la fin du coup, il le remettra, & vous luy poufferez au dedans des Armes. Il rifpoftera tout droit le long de l'Epée, fans la quitter, puis il fera fa retraite, & reviendra en mefure, pour faire les coups rfortes pour le deffus des Armes. Vous vous découvrirez deffus les Armes, & ferez mettre à voltre Ecolier fon Epée de Tierce, du même côté, & luy ferez poulfer fa botte en deux temps, tout droit de Tierce, jufqu'au corps, en battant deux fois du pied droit ; puis il fe remettra, & redoublera tout droit un autre coup de Tierce : Enfuite il fera fa retraite, & reviendra en mefure; où vous luy ferez pofer fon Epée fur la voltre de Tierce fur les Armes, & luy ferez pefer fur voltre lame. Dans le temps que vous fentirez cette refiftance, vous dégagerez, & vous vous ouvrirez au dedans des Armes, & luy ferez tirer tout droit de Quarte, pour prendre ce temps-là ; après il fera fa retraite, & reviendra en mefure encore pefer fur voltre lame, pour vous faire dégager : Vous dégagerez, & reviendrez engager fon fer. Dans le tems que vous irez l'engager, avertiffez-le de ne pas fouffrir que vous tou-

*Tirer en contre-dega-geant.*

*Expli-que au VII Ch. de la 4. Plan-che.*

*Ch. VI.*

*Expli-que au C.VIII. de la 5. Plan-che.*

touchiez fa lame : mais qu'il contredégage au plus vite, & qu'il poufle fa botte de Tierce, jufqu'au corps. Aprés il fe remettra en garde ; & vous luy ferez réiterer plufieurs fois le même contredégagement, pour le luy apprendre. Enfuite vous parerez du fort, en élevant le coup par deffus la tête ; puis il fera fa retraite ; & reviendra en mefure faire le coup qu'il faut à cette parade, & les autres coups fuivans ; puis fera fa retraite. Il reviendra encore en mefure, où vous luy marquerez la feinte à la tête, & luy direz que fi l'on vient à luy faire cette figure pour l'ébranler, il prenne le temps & tire deffous les Armes : Vous luy ferez faire plufieurs fois le même coup, & au dernier vous parerez du fort, en abaiffant fon coup fort bas, & le luy ferez remarquer. Il fera fa retraite, & reviendra en mefure, pour faire une feinte deffous les Armes, & tirer deffus, puis fe remettra en garde, en fe découvrant au dedans des Armes : Vous luy poufferez, & il rifpoftera tout droit de Quarte, le long de la ligne, fans quitter vôtre Epée, puis fera fa retraite, & reviendra en mefure, pour faire encore le même contredégagement. Là vous parerez de la pointe, pour luy faire remarquer cette maniére de parer. Enfuite il fera fa retraite ; car auffi-tôt que l'ennemy pare, il faut fe retirer, crainte de la rifpofte. Aprés il reviendra en mefure pour faire le coup qu'il faut à cette parade, & fe remettra en garde de la maniére qu'il aura pouffé, qui eft de Quarte au dedans des armes. Alors vous le ferez découvrir deffus les armes, & luy poufferez une grande botte. A cette grande décou-

*La ma-niére de pou∫∫er de Se-conde e∫t au Ch. VII*

verte, il parera du fort de fon Epée, & il rifpoftera fous la ligne du bras, de Seconde, fous les armes ; puis fera fa retraite, & reviendra en la mefure, où vous luy ferez faire le dernier coup de ce Jeu, qui eft que tenant fa main de Quarte, la pointe baffe, vous traverferez fon Epée avec la vôtre, en vous appuyant deffus ; & luy direz qu'il ne fouffre pas cette ligne qui pefe fur fon Epée : mais qu'il la releve droite, par un mouvement de poignet, le bras pourtant étendu, en faifant un temps, le corps en arriére. Vous luy ferez tomber fon Epée de Tierce deffus les armes, fans fuivre la vôtre. Il pouffera fon coup jufqu'au corps. Cette botte fe nomme *coupé par deffus la pointe*, & ce coup eft bon auffi pour ceux qui parent de la pointe au dedans des armes. Enfuite il fe remettra, en fe découvrant au dedans des armes. Vous luy poufferez, & il parera & rifpoftera le long de la ligne de voître Epée, fans la quitter ; puis fera fa retraite, le bras étendu, & l'Epée bien devant luy. C'eft la fin de ce premier Jeu qui eft pour la fermeté entiére du corps, & contre ceux qui demeurent toûjours en une place. J'etablis toutes ces parades, parce que l'on ne peut trop parer à ce Jeu. Chaque coup a fa parade, & enfuite fa rifpofte. Les régles & l'ordre y font obfervez. Aprés tous les incidens qui peuvent arriver au dedans des armes, je fais voir ceux de deffus & du deffous des armes. L'on peut fort bien faire exercer ce premier Jeu, au moins pendant deux mois. Paffons maintenant au deuxiéme Jeu.

DEU-

# DEUXIEME JEU.

IL y en a qui, aprés avoir paré un coup, voyant leur ennemy se remettre, ou faire quelque retraite, s'abandonnent sur lui à corps perdu, & avancent tout le corps, l'Epée toûjours devant eux, dans la forte passion qu'ils ont de lui donner. Ce deuxiéme Jeu est pour combattre ces démarches sans ordre.

L'Ecolier étant en sa garde ordinaire, ayant engagé vôtre Epée de Tierce dessus les armes, vous lui ferez faire un petit dégagement, le plus court qu'il sera possible, tournant la main de Quarte, & battre sec & ferme vôtre Epée, sans demeurer sur vôtre lame, retenant son corps, & l'éloignant sur la jambe gauche; & par une autre action, presqu'en même temps, il tirera de pied ferme, tout droit de Quarte au dedans des armes, du fort au foible.

*Ch. IV.* Si l'Epée ennemie (que la vôtre represente) étoit éloignée quand il la battra, il ne faudroit pas la suivre; mais bien tirer droit au corps, & ensuite se remettre en sa même garde, le long de vôtre Epée, dans la même figure, pour reprendre tout droit de Quarte, puis faire sa retraite. Il fait ce battement pour détourner l'Epée, & se faire jour, à cause du bras tendu & de l'Epée qui est devant le corps de son ennemy. Cette reprise, aprés s'être remis en garde, servira à le prendre sur le temps, à cause qu'aussi-tôt que l'on luy a poussé le premier coup, il ne manque jamais aprés d'avancer le corps, & de se jetter pour courrir en avant. Il y en a qui, en faisant ce battement, tournant la main de Tierce; ce que je n'approuve pas, d'autant qu'alors l'on se découvre dessus les armes, & le temps

en est aussi plus grand, parce que l'on tourne la main de Tierce, & aprés de Quarte, qui sont deux mouvemens: Mais la tournant de Quarte, l'Epée demeure toûjours devant vous, & est bien plutôt au corps, ne perdant pas tant de temps. Tous ces battemens se peuvent faire aussi tout droit le long de l'Epée, sans dégager tant dedans que dessus. Lors que vôtre Ecollier fera ses reprises, à tous les coups de ce Jeu, vous avancerez le corps dans ce moment, pour lui faire connoistre que c'est pour ceux qui veulent courrir en avant; & dans le temps qu'il achevera son coup, gardez-vous bien de le tenir avancé, au contraire retirez le au plus vîte en arriere, en éloignant le corps sur la jambe gauche, pour obliger vôtre Ecollier à vous le venir trouver de luy-même, sans aussi le secours de vôtre main gauche, comme j'ay déja dit. Par ce moyen il apprendra la mesure, la fermeté & la justesse. Ce premier coup sera l'instruction pour tous les autres de ce Jeu, tant au dedans des armes, que dessus & dessous. Aprés ce redoublement, vous lui ferez faire sa retraite, puis revenir en mesure. Passons au second coup. Vous lui ferez faire encore le même battement sec & tirer droit le long de l'Epée; & dans le temps que vous ferez remettre vôtre Ecollier, vous dégagerez & engagerez son Epée de Tierce. Aussi tôt qu'il sera remis, vous dégagerez vôtre Epée; & il prendra ce temps tout droit de Quarte, où vous vous *Ch. VI.* ferez découvert, puis se remettra en garde, pour reprendre encore tout droit, dans le temps que vous avancerez le corps, puis fera sa retraite. Le troisiéme coup sera que

vô-

vôtre Ecollier étant en mesure, vous luy ferez encore battre vôtre Epée sec, & tirer droit, en dégageant de Quarte au dedans des armes, & le ferez remettre. Dans le temps qu'il se remettra, vous baisserez la pointe de vôtre Epée, de la manière qu'il est marqué aux Parades en forme de cercle. *Chap. XVII.* Vous lui ferez faire la même figure, en opposant son Epée à la vôtre, & lui ferez pousser sa botte dans la même situation qu'est son Epée, sans relever sa pointe, tout le long de la ligne de la vôtre, jusqu'au corps, & luy ferez opposer la main gauche; & dans le temps qu'il poussera, vous tournerez la main de Seconde, pour luy montrer que s'il n'avoit pas opposé la main gauche, il auroit receu. Aprés il se remettra dans la même figure, & vous releverez vôtre Epée devant vous. Dans le temps que vous la releverez, il poussera tout droit de Quarte; & ensuite se remettra & redoublera sa botte, pour reprendre, puis fera sa retraite, & reviendra en mesure. Au quatriéme coup, il battra sec encore vôtre Epée, & tirera tout droit, & vous parerez du fort, le bras étendu. Voyant que vous avez paré, il fera sa retraite, & reviendra pour le cinquiéme coup, faire la demy-botte, en coupant sous le poignet (étant le coup pour ceux qui parent du fort, en étendant le bras) & ferez comme je l'ay expliqué. *Chap. IV.* Ensuite il fera sa retraite, & reviendra en mesure, pour le sixiéme coup au dedans des armes. Vous lui ferez encore battre l'Epée sec, & tirer droit; vous parerez de la pointe, & il fera sa retraite. Vous lui ferez remarquer que c'est de la pointe au dedans des armes, que vous avez paré. Vous le ferez revenir faire la feinte à la pointe, & tirer dessus; puis le ferez remettre, pour redoubler de Seconde dessous les armes, du même côté, & faire la *Chap. V.* retraite, qui est le septiéme & dernier coup du dedans des armes.

Venons aux coups dessus les armes, pour ce même Jeu, pour ceux qui avancent. Le premier coup pour le dehors des armes, sera qu'il faut que vous failliez engager vôtre Epée à vôtre Ecollier, au dedans des armes, pour dégager & battre sec vôtre Epée, dessus les armes, en tournant le poignet de Quarte, pour détourner vôtre pointe, qui doit être droit vis-à-vis de vôtre Ecollier. L'ayant chassée de devant luy, vous luy ferez achever son coup tout droit de Tierce, puis se remettre, pour reprendre dans la même ligne de Tierce. Aprés sa retraite, vous le ferez revenir en sa mesure, pour faire le second coup, qui sera de battre de même l'Epée sec, dessus les armes, & tirer droit, puis se remettre. Dans le temps qu'il se remettra, vous vous découvrirez dessous les armes, exprés pour luy faire comprendre que vous avez levé le bras, & luy ferez redoubler dessous. Aprés sa retraite, vous le ferez revenir encore, qui sera le troisiéme coup. Vous luy ferez aussi battre sec & tirer droit, puis il se remettra & reviendra à la lame. Dans ce temps vous dégagerez: il prendra encore ce temps, tout droit de Quarte, où vous vous serez découvert, puis fera sa retraite, & reviendra encore en mesure, pour le quatriéme coup. Vous luy ferez battre toujours l'Epée sec en dégageant, puis il se remettra; & dans ce temps vous baisserez vôtre pointe en forme de cercle, comme j'ay dit, & luy ferez opposer *Chap. XVII.* son Epée à la vôtre, pour pousser tout droit de Quarte, sans quitter la lame, & opposer la main gauche; même vous luy ferez redoubler, dans la même situation; aprés il fera sa retraite, en faisant son cercle, comme je l'ay enseigné. Vous pouvez le poursuivre, pour le faire prendre sur le temps. Le cinquiéme coup de ce Jeu, est que vous lui ferez encore battre l'Epée sec & tirer droit. Vous parerez ce coup de la pointe au dehors des armes, en gagnant son fort (expliqué au premier Jeu, au dernier contre-dégagement) Ensuite il fera sa retraite, & reviendra en mesure, pour luy faire la feinte dehors, & tirer dedans. Aprés il le remettra, pour reprendre encore tout droit de Quarte, puis fera sa retraite, & reviendra en mesure pour faire le sixiéme coup. Vous luy ferez toûjours battre l'Epée-sée & tirer droit; & vous parerez du fort; en élevant le coup, puis il fera sa retraite. Vous lui ferez comprendre de la maniere que vous avez paré, & le ferez revenir en mesure pour luy faire faire la feinte à l'endroit où vous avez paré. Aprés sa retraite, il reviendra en mesure, pour faire le septiéme coup de ce Jeu; où vous pourrez vous même lui marquer la même feinte qu'il a faite auparavant. Vous luy ferez prendre le temps dessous les armes, & luy ferez encore réiterer une autre fois, où vous parerez du fort, en abaissant le coup. Vous lui ferez comprendre la maniere dont vous avez paré, & luy ferez faire la feinte dessous, & tirer dessus de Tierce, puis redoubler dessous, & faire sa retraite. Il reviendra à la mesure, pour faire le huitiéme coup. Vous lui ferez faire le coup coupé par dessus la pointe (expliqué au dernier coup du premier Jeu) hors qu'il ne faut point parer; mais bien reprendre dessous les armes, & pour cela vous



éleverez exprés le bras pour vous découvrir dessous. Vous luy ferez prendre ce temps-là, & dans le temps que vous chercherez son Epée, il faudra qu'il dégage, sans que vous touchiez sa lame.

Dans le premier Jeu l'on pare à chaque coup, à cause que l'on a affaire à un homme qui tient pied ferme: A ce deuxiéme Jeu-cy l'on ne pare point du tout, à cause que l'on a affaire à un homme! qui veut toûjours avancer & courir en avant. C'est pourquoy à chaque coup, l'on prend toûjours sur les temps, même aprés la retraite de vôtre Ecollier, vous pouvez marcher à luy pour le poursuivre, & vous faire prendre sur le temps, de la maniere que vous le jugerez. Vous luy ferez aussi commencer à fuir un petit pas en arriere, pour attirer l'ennemy; & dans le temps qu'il fera ce petit pas, vous marcherez en avant, vous découvrant tantôt de Quarte, & tantôt de Tierce, puis luy ferez des feintes, pour luy faire prendre sur tous ces temps. C'est dans ce Jeu où il profitera beaucoup, s'affermira bien sur les jambes, & sera en état, aprés l'avoir exercé du moins l'espace de deux ou trois mois, de passer à ce troisiéme Jeu, qui sera pour ceux qui reculent. Il est plus difficile à exercer & aussi à montrer.

# TROISIEME JEU.

POur faire entendre à voſtre Ecolier, que ce troiſiéme Jeu doit luy ſervir lors qu'il aura affaire à un
homme qui recule, vous luy ferez comprendre qu'il
doit, au premier coup qu'il pouſſera, juger ſi ſon
ennemy recule. C'eſt pourquoy, au premier coup
que vous luy ferez pouſſer, vous ne manquerez pas de reculer un petit pas en arriére; & voſtre Ecolier, à cauſe
du petit pas que vous aurez fait en arriére, & que vous aurez rompu la meſure, ſe trouvera éloigné de vous. Quand
il l'aura compris, vous luy ferez faire ce que je vais expliquer.

Il faut que vous faſſiez écarter voſtre Ecolier plus qu'à
l'ordinaire, l'Epée bien devant luy, le bras tout étendu.
Vous en ferez tout de même, qui eſt de vous tenir en la
même garde, & auſſi plus écarté. Dans le même temps
vous luy ferez engager l'Epée deſſus les armes, le poignet
tourné de Tierce; & le ferez dégager; la main la premiére, le bras tout étendu, tournant le poignet de Quarte.
Dans le temps qu'il fera ſon dégagement, il doit faire un
petit pas, commençant par luy faire porter le pied droit
en avant, environ d'une ſemelle, & faire ſuivre le gauche, roidiſſant les deux jambes, élevant les reins; & vous
luy montrerez à gagner le foible de voſtre Epée, en y a-
vançant ſon fort. Dans le même temps qu'il coulera &
marchera en avant, ce ſera à vous à luy faire faire la même choſe en arriére, qu'il aura faite en avant, hors qu'il
faudra que dans le temps qu'il aura gagné la meſure & qu'il
vous pouſſera, vous éloigniez le corps en arriére ſur la
jambe gauche, & le faiſiez adjuſter de loin, juſqu'à voſtre
corps, pour luy apprendre a bien connoitre ſa meſure.
Enfin ayant gagné le fort, comme jay dit, il achevera ſa
botte tout droit de Quarte, puis ſe remetera pour reprendre encore tout droit de Quarte; aprés vous luy ferez faire ſa retraite. Ce premier coup ſervira pour l'intelligence des autres coulemens, tant dedans, deſſus que deſſous.
Le deuxiéme coup de ce Jeu, ſera qu'étant dans la même
diſtance, comme j'ay dit, vous luy ferez encore couler
au dedans des armes, en dégageant. Il viendra encore
pour gagner votre foible, en entrant dans la meſure, dans
ce temps, vous ne le ſouffrirez pas; mais bien dégagerez,
pour le prendre ſur ce temps. Sa main & ſon corps étant
avancez, il n'aura qu'à achever ſon coup tout droit de
Tierce: Ce ſera où vous vous ferez découvert. Même
il peut y redoubler, aprés s'étre remis; ou bien vous pouvez lever la main & le bras, pour le faire redoubler deſſous les armes, puis ſa retraite, aprés étre revenu à l'E-
pée. Le troiſiéme coup eſt qu'étant revenu dans la meſme meſure & la meſme garde; & vous ſur tout à tous ces
coups ayant l'Epée devant vous, la partie gauche bien é-
facée. Il coulera encore pour gagner voſtre foible par le
meſme dégagement, & dans le temps qu'il s'attachera à
voſtre fer, vous reſiſterez à ſa lame, & dans le temps de
la conteſtation, vous luy direz de céder à la force, de dégager deſſus les armes, & pouſſer ferme ſon coup juſqu'au
corps; enſuite le faire remettre pour reprendre tout droit,
ou deſſous, comme vous jugerez à propos, puis fera ſa re-
trai-

Ch. 4. traite, & reviendra faire le quatriéme coup. Il coulera encore le long de l'Epée ; à ce coup vous parerez du fort au dedans des armes, en levant un peu le bras, & il fera sa retraite, puis reviendra en la distance accoûtumée, faire la demy-botte, toûjours en coulant le long de la lame, en la forçant un peu, & poussera dessous la ligne du bras, puis reviendra engager l'Epée dessus les armes, se découvrant au dedans des armes. Vous luy pousserez à sa dé-

Ch. 9. couverte. Il parera & rispostera le long de voftre Epée, sans la quitter, sous la ligne du bras en flanc ; parce que vous luy devez donner le jour ; & luy ferez opposer son bras gauche, puis se remettre & redoubler tout droit de Quarte : Aprés sa retraite, Il reviendra dans la mesure accoûtumée, pour faire ce cinquiéme & dernier coup du dedans des armes, qui est qu'en doulant encore, en dégageant & engageant voftre Epée, & voulant gagner voftre foible, vous luy ferez tourner davantage la main de Quarte, qu'aux autres coups ; ce qui fera un angle contraire au coup qu'il poussera ; & luy ferez forcer voftre lame. Dans le mesme temps, vous luy ferez tourner la main de Prime, du mesme côté, en élevant fort haut le poignet

Ch. 12. & les reins. Il poussera sa botte jusqu'au corps ; puis fera sa retraite, Epée perduë. Vous le poursuivrez pour engager son Epée, qui sera basse. Dans ce temps-là vous l'avertirez de ne pas souffrir que vous la touchiez, & de dégager au plus vite, de Tierce dessus les armes. Vous le ferez remettre pour reprendre encore dessous, puis sa retraite. Il reviendra en mesure pour faire tous les coups & les coulemens qui se doivent faire dessus les armes, pour ce Jeu. Le premier coup dessus les armes, que vous ferez faire, sera qu'étant tous deux en la mesme garde qu'aux coups précédens, vous ferez engager voftre Epée au dedans des armes, sans rien forcer, puis luy ferez faire un petit dégagement dessus les armes, tournant la main & le poignet de Quarte, engageant le fort de voftre lame, & coulant le long de la ligne de voftre Epée, en marchant un petit pas pour gagner la mesure. Dans le temps qu'il marchera, vous reculerez un petit pas, pour luy faire connoître que c'est encore pour ceux qui reculent, & luy ferez roidir les deux jambes, lors qu'il marchera en avant. S'étant fait jour dessus les armes, en gagnant voftre foible par son fort, il achevera son coup tout droit, en tournant la main de Tierce jusqu'au corps ; ensuite il se remetra en garde, son Epée de Tierce, élevée un peu haute. Vous irez pour la chercher ; Dans ce temps là vous luy ferez reprendre dessous les armes. Si vous demeurez découvert dessus les armes ; vous luy ferez reprendre tout droit de Tierce, sans dégager. Le second coup du dessus des armes, est qu'étant encore engagé au dedans des armes, vous luy ferez couler de Quarte dessus les armes ; en gagnant voftre foible par son fort. Vous dégagerez dans ce tems : Son Epée se trouvera au dedans des armes ; par le dégagement que vous aurez fait, son Epée étant encore tournée de Quarte. Il n'aura qu'à achever son coup tout droit le long de voftre Epée, jusqu'au corps. Il se remettra pour reprendre encore tout droit de Quarte, sans quitter voftre Epée, puis fera sa retraite, & reviendra aprés en mesure pour faire ce troisiéme coup. Il engagera toûjours son Epée au dedans des armes, pour dégager & couler dessus les armes. Cette fois il doit y rencontrer voftre Epée, & y resister. Vous en ferez de même. Dans le temps que vous contesterez fort contre fort, vous lui ferez ceder à la force : Vous le ferez dégager au dedans des armes, pour y pousser tout droit de Quarte, du fort au foible ; & en même temps il se remettra pour reprendre encore tout droit de Quarte, où quelques fois pour la reprise, vous lui ferez dégager dessus les armes, ou bien rapporter son Epée opposée à la vôtre, comme est la Figure en forme de cercle, pour reprendre aussi dans la même figure, puis la retraite. Il conviendra en mesure pour le quatrième coup. Celuy-là est qu'il doit encore couler dessus les armes, & tirer droit; vous parerez du fort, en élevant le coup: Voyant cette parade, il fera sa retraite, & reviendra en mesure; & lui ferez faire un coulement dessus les armes, tournant sa main de Tierce. Vous irez



pour lui parer, en élevant votre Epée & cherchant la sienne; & dans ce temps vous le ferez dégager de Seconde dessous les armes, puis il fera sa retraite, Epée perdue, comme j'ai enseigné, & les coups qui doivent suivre. Le cinquième coup est que vous vous mettrez en garde Allemande, à la manière que je l'ay expliqué, & ferez mettre votre Ecollier en la même figure, & lui ferez faire le coup propre à cette garde, qui est encore un coulement pour gagner la mesure. Le sixième coup est que vous vous met-



trez en garde, l'Epée fort basse, que l'on nomme Quinte, le bras & l'Epée hors la culée. Votre Ecollier se mettra en sa garde ordinaire, vous lui ferez couler votre Epée, en tournant la main les ongles vers la terre; en coulant il doit rencontrer votre Epée; il résistera au fort, & dans ce temps vous y résisterez aussi; Vous le ferez dégager dessus les armes, puis se remettre pour apprendre dessous, ou bien vous dégagerez pour lui faire prendre le temps, puis il fera sa retraite & reviendra en mesure; vous lui ferez couler encore dessus les armes. Alors vous dégagenez, & dans ce temps vous pourrez lui faire prendre le dessous. Ce dernier coup n'est guères d'usage, l'Epée à la main. Il y a encore un autre coup pour les coulements, expliqué au Chapitre X, qui est une garde à l'Italienne. Vous le ferez faire aussi de la manière que je l'ay enseigné.

Il faut remarquer dans ce Jeu, que lors que vous ferez faire tous ces coulemens, en marchant en avant, il faudra que votre Ecollier demeure un petit temps pour juger ce que son ennemy peut faire, & luy ferez remarquer tous les mouvemens que vous devez faire pour ce Jeu, qui sont de reculer dans le temps qu'il viendra à vous, & de le faire bien ajuster jusqu'au corps, à tous ses coups, sans secours de main gauche, ny avancer le corps. Ce Jeu se doit montrer plus longtemps que les deux autres, étant le plus difficile. Dans ce Jeu l'on pourra apprendre à son Ecollier à tourner; ce qui est fort necessaire quelquefois pour le choix du terrain, ou pour le Soleil. Cela se fera de cette maniere, savoir qu'ayant poussé & fait sa retraite; vous pourrez approcher le pied droit à côté du gauche, & pencher le corps sur la jambe gauche: Dans ce temps vous avancerez le pied gauche, en faisant un grand pas à côté du corps; ensuite vous avancerez le pied droit en ligne directe du gauche, par ce moyen le corps se trouvera dans un autre terrain. Vous pouvez ensuite lever le pied gauche & passer le droit devant, & le réiterer plus vîte plusieurs fois, en tournant autour de votre ennemy. Ce qui fera une marche pour le surprendre lors qu'il tournera. Dans le tems qu'il s'arrête, vous vous arrêterez aussi pour prendre votre garde ordinaire, & pour entreprendre tous les coups convenables aux defauts qu'il pourroit avoir.

Après avoir enseigné ce dernier Jeu, vous pouvez encore, durant quelque temps, le faire recommencer d'une autre maniere plus seure, & pourtant forpaisée à pratiquer. Lorsque votre Ecollier commence le Jeu cy-devant, vous luy faites engager votre Epée de Tierce dessus les armes, pour dégager & couler au dedans des armes, en gagnant de son fort à votre foible. A celuy-cy vous luy ferez engager votre Epée au dedans des armes; ce sera pour donner

au

au dedans des armes. Vous le ferez refifter à voftre Epée, devant que de commencer à entrer en mefure ; & par un petit mouvement de corps, en l'éloignant en arriere, vous le ferez dégager deffus les armes, fans toucher à voftre Epée, & dans ce même moment vous le ferez dégager & couler le long de voftre Epée, de même qu'aux autres coups du troifiéme Jeu ; qui eft de Quarte au dedans des armes, pour tirer tout droit ; & ainfi des autres coups fuivans, fi ce n'eft qu'au commencement, avant que de venir couler & gagner le fort de voftre Epée, vous luy ferez faire ce petit mouvement que je viens d'enfeigner : Ce qui eft fort bon pour furprendre celuy à qui l'on aura affaire. Vous ferez auffi faire, pour les coups du dehors des armes, le même mouvement, avant que d'entreprendre aucun coup, qui eft qu'étant engagé deffus les armes, vous luy ferez dégager de la pointe, en tournant le poignet de Quarte au dedans des armes, en éloignant le corps en arriere, fans qu'il trouve voftre Epée ; & enfuite le ferez dégager & couler deffus les armes, la main tournée de Quarte, & au même temps la tourner de Tierce, pour achever fon coup : Et ainfi des autres coups expliquez dans ce troifiéme Jeu.

Aprés tous ces principes, ces trois premiers Jeux differens, & la fuite du troifiéme Jeu, il faudra encore apprendre à fon Ecollier toutes les manieres pour faire partir l'ennemy, & pour bien parer & rifpofter. Toutes ces fortes de coups font fondées fur ces trois premiers Jeux, où il faut toûjours revenir.

Ayant fait mettre voftre Ecollier en la garde ordinaire, vous luy ferez engager fon Epée au dedans des armes ; & en même temps vous luy ferez faire un appel, en dégageant & en engageant fon Epée de Tierce deffus les armes. L'Ecollier fe découvrant au dedans des armes, vous ne manquerez pas de luy pouffer à cette découverte. Il parera & rifpoftera tout droit le long de voftre Epée, même dans le temps qu'il fera fon appel, vous dégagerez & n'attendrez pas qu'il touche voftre lame ; mais bien le faire revenir parer, & auffi-toft rifpofter fous la ligne du bras, Ainfi vous luy ferez réiterer plufieurs fois cet apel, & chaque coup vous luy pousserez une eftocade, & luy ferez remarquer les mouvemens de voftre Epée ; que le premier coup doit fe rifpofter tout droit, & le fecond fous la ligne du bras en Flanconnade ; en oppofant le bras gauche ; que vous luy donnerez le jour pour cela : Le troifiéme fera la demy botte tout droit, fans dégager ; & le quatriéme fera la feinte tout droit, & tirer deffus. Vous luy fetez faire auffi les appels deffus les armes, en luy faifant engager voftre Epée deffus les armes, pour dégager & faire fon appel au dedans des armes, pour fe découvrir deffus. Dans ce temps vous luy poufferez à cette découverte, & ne fouffritez pas qu'il trouve voftre Epée ; mais dans le même temps luy poufferez voftre eftocade jufqu'au corps, pour l'obliger à parer. Vous le ferez parer & rifpofter tout droit, & enfuite recommencer ces appels. Vous luy poufferez, comme j'ay dit, dans le temps de l'appel ; au fecond coup il parera & rifpoftera de Seconde deffous les armes ; & au troifiéme, quand il vous rifpoftera, vous parerez de la pointe deffus les armes ; & luy ferez faire la feinte tout droit dehors, & dégagerez de Quarte au dedans des armes. Le quatriéme eft qu'aprés l'appel vous luy poufferez ; il parera & fera la feinte deffous & tirera deffus. Enfin vous luy apprendrez à parer la demy-botte & la feinte à la tête, que vous luy repréfenterez ; & luy poufferez jufqu'au corps. Il fe fervira de la parade en forme de cercle, pour ces deux coups : & ce fera encore la fin de ce Jeu. Il y en a encore deux autres qui roulent fur celuy-cy , c'eft pourquoy il n'eft pas néceffaire d'en répéter tous les coups, je diray feulement que lors que vous ferez faire l'appel à voftre Ecollier , & qu'il aura trouvé voftre Epée, tant dedans que deffus, vous luy ferez marcher un pas du pied droit feulemeut, fans bouger le pied gauche ; & dans le temps qu'il marche, vous luy poufferez voftre botte jufqu'au corps. Il rifpoftera, fans démarer le pied gauche, à tous les coups marquez. Dans l'autre Jeu, tant dedans que deffus, à chaque coup ; il fera l'appel & marchera fon pas. Auffi à chaque coup, vous luy poufferez, & il éxécutera felon les mouvemens de voftre Epée, comme je l'ay enfeigné. L'autre fera lors qu'il fera fon appel, en engageant voftre Epée, fans dégager, ou en dégageant; car les appels fe peuvent faire tout droit, tant dedans, deffus que deffous, ou en dégageant. Luy ayant fait trouver voftre Epée, il faudra le faire marcher un pas du pied droit, fans bouger le pied gauche ; & dans ce temps qu'il marche, vous ferez la mefme chofe du pied gauche, puis luy ferez encore marcher un autre pas du pied droit, fans bouger le pied gauche, qui feront deux pas qu'il aura faits : Et aprés vous luy ferez, fans quitter voftre lame, poufler en deux temps, à l'endroit où vous luy aurez fait engager fon Epée. Mais il faut toûjours commencer au dedans des armes, puis au dehors. Vous luy ferez faire encore tous les autres coups marquez cy devant. Aprés ces deux pas faits, vous luy poufferez. Il ferrera la mefure du pied gauche, en parant il rifpoftera tous les coups de fuite, tant dedans, deffus que deffous. Ce que j'ay marqué cy-devant, & expliqué aux autres Jeux.

Il y a encore ces bottes en trois tems, que l'on montre auffi par régles, qui eft que du coup fimple l'on vient au coup double, & du coup double l'on vient au triple. Pour

l'expliquer. Si l'Ecolier pouffe une botte de pied ferme, tant au dedans des armes, qu'au dehors & au deffous, c'eft le coup fimple, en dégageant, ou tout droit. Si en pouffaut, il a porté un coup au corps, il ne manquera pas d'y retourner, tant que l'ennemy n'y parera pas : mais auffitôt qu'il parera, il fera la feinte à l'endroit de fa parade, qui fera le coup double. Si l'ennemy la pare, il luy doublera la feinte, qui fera le coup triplé, ou en trois temps. Et ainfi des autres coups, tant dedans que deffus, de fuite, comme aux autres Jeux, lors qu'il faut doubler les feintes. Quand vous luy ferez doubler les feintes, il faut, comme j'ay dit, que cela commence par un coup fimple, enfuite par le coup double, qui eft la feinte ou le femblant de tirer, que j'ay expliqué cy devant. Les trois temps qu'il faut faire aprés, ou la double feinte & pouffé, feront de marquer les feintes aux endroits où l'ennemy parera, en battant deux fois du pied droit, & au deuxiéme battement il faudra faire fuivre le pied gauche, s'il recule, en roidiffant les deux jambes, le bras droit tout étendu, l'Epée bien devant foy; & l'ennemy s'ébranlant du côté où on luy aura fait la derniére feinte, pour aller à la parade, on ne manquera pas de poufler à cette découvérte, mefme y redoubler felon la fituation de fon Epée. L'on peut, à tous les coups que j'ay enfeignez, faire cette botte en trois temps, pourvû que ce foit, comme j'ay dit, en commençant par le coup fimple, enfuite le double, & enfin le triple : Et que ce foit aprés les parades de l'Ennemy; car pour bien éxécuter toutes les leçons, il ne faut jamais faire une feinte, fimple ou double, qu'aprés que vous aurez remarqué l'endroit où l'on aura paré. Par éxemple, à ces battemens fecs & tirer droit, aprés les avoir faits, fi voftre ennemy paroit & reculoit, il faudroit faire voftre même battement, & au lieu de tirer droit, vous luy marqueriez.

riez feulement le femblant de pouffer tout droit, en battant du pied droit, pour le battement, & un autre battement en mefme temps du mefme pied, en faifant fuivre le pied gauche, en cas qu'il recule, & poufferez deffus les armes. Ainfi de tous les autres coups, en fuivant la melme régle. Ce Jeu fe peut faire auffi de pied ferme, fans fuivre le pied gauche. Ce fera pour ceux qui ne reculent point.

Vous voyez que tous roûlent fur ces trois premiers Jeux principaux : C'eft pourquoy fans s'embarraffer, vous pou-vez, le mieux qu'il vous fera poffible, les faire éxécuter; & vous verrez le profit que fera voftre Ecolier. Aprés la pratique de ces Jeux, vous viendrez à celle des autres coups particuliers de mon Livre, comme font les Paffes, les Voltes, demy-voltes, les Saififfemens d'Epée & de Corps, les Parades en forme de cercle, & coups à l'Efpa-gnol, que vous pouvez fort bien montrer, pour peu que vous ayez d'affiduité & d'application.

F I N.

## A V E R T I S S E M E N T.

PLufieurs Amis de *Daniel De La Feuille*, ayant trouvé ce Livre bon & utile, pour l'Inftruction des Perfonnes d'Epée, & fur tout dans ce tems de Guerre, qui empêche qu'on n'en puiffe tirer de France que dificilement; lui ont confeillé de le faire imprimer. Ce qu'il a fait trés-volontiers, dans l'efpérance qu'il fera bien reçû du Public & même d'un grand fecours à ceux qui fe mêlent du Mé-tier de la Guerre, puifqu'il contient une grande quantité d'Inftructions & de Leçons, que le Sr. DE LIANCOUR, Habile & des plus Experts dans l'Exercice de l'Epée, y donne, avec une Méthode fa-cile & aifée, tant aux Maitres qui l'enfeignent, qu'aux Gentilhommes qui le veulent aprendre.

Il a auffi fait imprimer un Livre de plus de 700 Dévifes & Emblémes, avec l'Explication en Latin, François, Efpa-gnol, Italien, Flaman, Anglois, & Alleman, pour l'ufage de ces fept Nations. Ce Livre fera dans peu de tems augmen-té d'une Seconde Partie, où il y aura fous chaque Devife & Embléme, un Quatrain, d'un des meilleurs Poëtes du Païs.

On trouve auffi chez lui un Livre de Chifres, qu'il a déja donné au Public il y a deux ans, augmenté d'une Seconde Partie, beaucoup plus ample que la Prémiere; comme auffi un Livre de Deffein pour les Arquebufiers, tirez des meil-leurs Maitres de l'Europe, & généralement tout ce qui s'imprime en Hollande, tant en Taille-Douce, qu'autrement.

Il mettra dans peu au jour, un Livre contenant l'intelligence du Blafon, plus ample & plus curieux que pas un qui ait encore paru, avec les Armes des Rois & des Princes de l'Europe, & les Pavillons de ceux qui vont en Mer, en Flaman, en Anglois, & en François.